Von der Beamtenbesoldung zum Vergütungskodex

AF168250

Christian Hilbrandt · Klaus-Dirk Henke

Von der Beamten-
besoldung zum
Vergütungskodex

Entscheidungsgrundlage für die
Verwaltungsräte der Krankenkassen

Christian Hilbrandt
Rechtsanwaltsgesellschaft mbH
HILBRANDT RÜCKERT EBBINGHAUS
Hamburg, Deutschland

Klaus-Dirk Henke
Technische Universität Berlin
Berlin, Deutschland

ISBN 978-3-658-26549-6   ISBN 978-3-658-26550-2   (eBook)
https://doi.org/10.1007/978-3-658-26550-2

Die Deutsche Nationalbibliothek verzeichnet diese Publikation in der Deutschen National-
bibliografie; detaillierte bibliografische Daten sind im Internet über http://dnb.d-nb.de abrufbar.

© Springer Fachmedien Wiesbaden GmbH, ein Teil von Springer Nature 2019
Das Werk einschließlich aller seiner Teile ist urheberrechtlich geschützt. Jede Verwertung, die
nicht ausdrücklich vom Urheberrechtsgesetz zugelassen ist, bedarf der vorherigen Zustimmung
des Verlags. Das gilt insbesondere für Vervielfältigungen, Bearbeitungen, Übersetzungen,
Mikroverfilmungen und die Einspeicherung und Verarbeitung in elektronischen Systemen.
Die Wiedergabe von allgemein beschreibenden Bezeichnungen, Marken, Unternehmensnamen
etc. in diesem Werk bedeutet nicht, dass diese frei durch jedermann benutzt werden dürfen. Die
Berechtigung zur Benutzung unterliegt, auch ohne gesonderten Hinweis hierzu, den Regeln des
Markenrechts. Die Rechte des jeweiligen Zeicheninhabers sind zu beachten.
Der Verlag, die Autoren und die Herausgeber gehen davon aus, dass die Angaben und Informationen in diesem Werk zum Zeitpunkt der Veröffentlichung vollständig und korrekt sind.
Weder der Verlag, noch die Autoren oder die Herausgeber übernehmen, ausdrücklich oder
implizit, Gewähr für den Inhalt des Werkes, etwaige Fehler oder Äußerungen. Der Verlag bleibt
im Hinblick auf geografische Zuordnungen und Gebietsbezeichnungen in veröffentlichten Karten
und Institutionsadressen neutral.

Springer ist ein Imprint der eingetragenen Gesellschaft Springer Fachmedien Wiesbaden GmbH
und ist ein Teil von Springer Nature
Die Anschrift der Gesellschaft ist: Abraham-Lincoln-Str. 46, 65189 Wiesbaden, Germany

Vorwort

Von der Beamtenbesoldung zum Vergütungskodex

Nachdem der Gesetzgeber zum 01. Januar 1996 das Vergütungssystem für die hauptamtlichen Geschäftsleiter der Krankenkassen von der vormals an die Beamtenbesoldung anknüpfenden Vergütung der damaligen Geschäftsführer mit vorheriger Zustimmungspflicht durch die zuständige Aufsichtsbehörde hin zur durch den Verwaltungsrat festzulegenden Vergütung des seitdem zuständigen, hauptamtlichen Vorstands mit nachgelagerter Rechtskontrolle der Aufsichtsbehörde umstellte, gab es Beanstandungen seitens des Bundesrechnungshofes, die sich auf vereinzelte Missbrauchsfälle bei Vorstandsvergütungen einschließlich Nebenleistungen im Jahr 2008 bezogen. Dies veranlasste den Gesetzgeber die bis dahin nachgelagerte Kontrollfunktion der Aufsichtsbehörde in eine vorgelagerte (präventive) Kontrollfunktion umzuwandeln. Seit dem 13. August 2013 hängt nunmehr die Wirksamkeit des Abschlusses, der Änderung und Verlängerung eines Vorstandsvertrages von der Zustimmung der jeweils zuständigen Aufsichtsbehörde des Bundes und der Länder ab (§ 35a Abs. 6a SGB IV).

Vor diesem Hintergrund gab es erhebliche Meinungsverschiedenheiten zwischen Krankenkassen einerseits, d.h. deren Verwaltungsräten und Vorständen, und dem Bundesversicherungsamt andererseits (als zuständiger Aufsichtsbehörde für die Mehrzahl der Krankenkassen) über das richtige Verständnis dieser Norm, insbesondere wie das dort geregelte Angemessenheitsgebot der Vorstandsvergütung zu deuten ist.

Die Aufsichtsbehörden, die bereits während der nachgelagerten Rechtskontrolle Trendlinien entwickelt hatten, nämlich erstmals im Arbeitspapier vom Dezember 2005, aber jeweils nur für die Grundvergütungen, wendeten nunmehr diese Trendlinien in den Antragsverfahren der Krankenkassen im Wesentlichen unverändert an – wobei es, soweit bekannt, zu Meinungsverschiedenheiten über die Angemessenheit einer Vorstandsvergütung nur im Verhältnis zum Bundesversicherungsamt kam (im Verhältnis zu den Länderaufsichten ist ein solcher Fall bisher nicht bekannt geworden). Ein erhebliches Manko der auf diesen Trendlinien beruhenden Verwaltungspraxis bestand darin, dass diese Trendlinien und Punktdiagramme nur Grundvergütungen (Festgehälter) abbildeten, dagegen

keine weiteren Vergütungsbestandteile wie z.B. erfolgsbezogene Vergütungen
(Tantiemen, Boni etc.), betriebliche Altersversorgungszusagen etc.

Diese Situation veranlasste Ende 2015 eine größere Zahl von Krankenkassen, eine Datenerhebung in Auftrag zu geben, insbesondere um eine (erste) Be-
standsaufnahme hinsichtlich der (realen) Vergleichszahlen zur Vielzahl der diversen Vergütungsbestandteile zu erhalten. Ein Befund dieser Anfang 2016 ab-
geschlossenen Datenerhebung war, dass sich anhand dieser Echtdaten kein Gesamtbild dahingehend ergab, im Wesentlichen würden Mitgliederzahl, Versichertenzahl, Beschäftigtenzahl sowie die weiteren der Untersuchung zugrunde
gelegten Kennziffern (Arbeitgeber-Konten; Versichertenzahl pro Mitarbeiter;
Verwaltungskosten pro Versicherten; Höhe der Leistungsausgaben pro Versicherten) die Vergütungsstrukturen einschließlich Höhe der Vorstandsvergütungen bestimmen. Daher muss es für diese Heterogenität andere Gründe (Kriterien)
geben, die sich aber nicht auf den ersten Blick erschließen und somit, gemäß
dem Transparenzgebot, von den Verwaltungsräten bei Festlegung der Vorstandsvergütungen zu bestimmen und zu offenbaren sind – um sie dann anhand
der gesetzlichen Kriterien des § 35a Abs. 6a SGB IV beurteilen zu können.

Dies führte Ende 2016 bei einer größeren Zahl von Krankenkassen aus dem
Bereich der Betriebskrankenkassen, einer Ersatzkasse, einer Innungskrankenkas-
se und einem Krankenkassenverband zu der Entscheidung, eine sog. Arbeitsgruppe zu gründen, deren Aufgabe darin bestand, einen Vergütungskodex für
Krankenkassenvorstände zu erstellen Die Erarbeitung der ersten Fassung dieses
Vergütungskodex dauerte knapp 10 Monate. Indes sind die Arbeiten dieser Kodex-Arbeitsgruppe nicht abgeschlossen, sondern ihre Aufgabe besteht nunmehr
darin, jährlich darüber zu wachen, ob und in welchem Umfang der Vergütungskodex in der Praxis der Krankenkassen angewendet wird, und ihn fortzuentwickeln bzw. anzupassen.

Eine (indirekte) Bestätigung haben die Arbeiten dieser Kodex-Arbeitsgruppe durch das jüngste Urteil des Bundessozialgerichts vom 20. März 2018
(Az. B 1 A 1/17 R) erhalten. Dort war Entscheidungsgegenstand zwar nicht der
Vergütungskodex selbst, sondern insbesondere ob das sog. Arbeitspapier der
Aufsichtsbehörden und die dort abgebildeten Trendlinien sowie darauf beruhen-
de Verwaltungspraxis des Bundesversicherungsamts gesetzeskonform waren,
was im Ergebnis weitgehend verneint wurde.

Auch wenn nach diesem Urteil den Aufsichtsbehörden die Aufgabe obliegt,
das Gebot der Wirtschaftlichkeit und Sparsamkeit (§§ 69 Abs. 2, 4 Abs. 1 S. 1

SGB IV) sowie sog. relativen Vergütungsangemessenheit (§ 35a Abs. 6a S. 2
u. 3 SGB IV) in allgemeinen Ermessensrichtlinien zu konkretisieren und dadurch
den Antragstellern, aufgrund einer Selbstbindung der Aufsichtsbehörde, Vorher-
sehbarkeit und Planbarkeit zu gewährleisten, wird dort die Stärkung der Selbstverwaltungsautonomie der Krankenkassen betont.

Ausdruck der Selbstverwaltungsautonomie der Krankenkassen ist der Vergütungskodex als Maßstab für die Standards guter Unternehmensführung in
diesem gesundheitspolitisch so wichtigen Bereich. Die bis zum Urteil am
20. März 2018 erlassenen Ermessensrichtlinien der Aufsichtsbehörden (sog. Arbeitspapier) erfüllten die Voraussetzungen der gebotenen gesetzeskonformen
Konkretisierung nicht, so dass allen zuständigen Aufsichtsbehörden vom Bun-
dessozialgericht aufgegeben wurde, entsprechende gesetzeskonforme Ermessensrichtlinien unter Beachtung der Rechtssauffassung des Gerichts zu erlassen.

Bei Drucklegung des vorliegenden Bandes waren neue sog. allgemeine
Verwaltungsvorschriften erlassen worden. Es bleibt aber abzuwarten, ob und
inwieweit diese dem Urteil des BSG entsprechen. Übereinstimmungen mit dem
Vergütungskodex sind auf den ersten Blick wenige erkennbar. Die dort abgebildeten Daten sind nicht transparent. Daher wird empfohlen, in Fortentwicklung
der Datenerhebung, die auf dem Stand Ende 2015/Anfang 2016 beruht, regelmäßig aktuelle Vergleichszahlen zu allen Vergütungsbestandteilen zu ermitteln, um
auf Basis dieser Vergleichszahlen den Vergütungskodex und die Ermessensrichtlinien der Aufsichtsbehörden auch angesichts neuer gesundheitspolitischer Herausforderungen fortzuentwickeln.

Berlin   Prof. Dr. Klaus-Dirk Henke
Hamburg   Dr. Christian Hilbrandt

Inhaltsverzeichnis

Teil II: Vergütungskodex für Krankenkassenvorstände in der Fassung vom 21. Februar 2018 83

Abbildungs- und Tabellenverzeichnis

Abbildungen

Tabellen

Teil I:

Endgültige Fassung des sog. Abschlussberichts zur Erstellung einer Entscheidungsgrundlage für Verwaltungsräte von Krankenkassen zwecks Beurteilung der Angemessenheit der Gesamtvergütung ihrer Vorstände i.S.d. § 35a Abs. 6a SGB

Klaus-Dirk Henke, Christian Hilbrandt

1 Einleitung

Ziel dieses Abschlussberichts ist es, durch eine dienst-, sozialrechtliche und gesundheitsökonomische Analyse sowie eine empirische Untersuchung eine höhere Transparenz hinsichtlich der Vergütungsstrukturen bei Krankenkassenvorständen zu schaffen und damit den beteiligten Entscheidungsträgern eine bessere Entscheidungsgrundlage zu liefern, als sie bisher besteht. Dazu wurden sämtliche Vorstandsmitglieder der Krankenkassen in Deutschland angeschrieben und gebeten, an einer Fragebogenaktion teilzunehmen. Dieser Fragebogen ist als **Anhang 8** beigefügt. Von diesen (damals) insgesamt 156 Vorstandsmitgliedern haben sich 60 Personen beteiligt, die wiederum 50 Krankenkassen in Deutschland repräsentierten (von insgesamt 118 Krankenkassen, die im Zeitpunkt der Fragebogenaktion bestanden). Anders als bisher üblich geht es um die Erfassung aller Vergütungsbestandteile, also neben der sog. Grundvergütung (Festgehalt) betrifft dies variable Anteile, entgeltwerte Vorteile wie die Privatnutzung eines Dienstwagens, Versicherungsentgelte und Versicherungsleistungen für private Zwecke, weitere Einkünfte aus (und im Zusammenhang mit der Vorstandstätigkeit stehenden) Nebentätigkeiten, Nebenleistungen jeder Art sowie nachvertragliche Ansprüche wie Übergangsgelder, Abfindungen und Karenzentschädigungen bei Wettbewerbsverboten. Mit dem Fragebogen wurde ein wesentlicher Querschnitt abgefragt, aber bei Weitem nicht alle Details dieser Vergütungsbestandteile. Die Verfasser dieses Abschlussberichts, ebenso wie die Auftraggeber, sehen diese Untersuchung als Beginn eines Erkenntnisprozesses, der fortgesetzt werden sollte. Weder diese Untersuchung noch dieser Abschlussbericht können und sollen eine Beratung im konkreten Einzelfall ersetzen, sondern jene unterstützen.

1.1 Kernaussagen/Zusammenfassung der wesentlichen Ergebnisse

1. Seit dem 13. August 2013 gilt das *Angemessenheitsgebot* für die Vergütungen von Krankenkassenvorständen; dieses Angemessenheitsgebot bezieht sich auf alle Vergütungsbestandteile, d.h. monetäre und nicht-monetäre.

2. Das Angemessenheitsgebot ist *kein Synonym* für den (vorher auch Vorstandsvergütungen erfassenden) allgemeinen Grundsatz der Wirtschaftlich-

© Springer Fachmedien Wiesbaden GmbH, ein Teil von Springer Nature 2019
C. Hilbrandt und K.-D. Henke, *Von der Beamtenbesoldung zum Vergütungskodex*,
https://doi.org/10.1007/978-3-658-26550-2_1

keit und Sparsamkeit, sondern eine *speziellere Regelung* (*lex specialis*). Im Nachgang zu diesen Arbeiten hat das BSG am 20. März 2018 entschieden, dass dieses Gebot, welches es als relative Vergütungsangemessenheit bezeichnet, eine Konkretisierung des allgemeinen Grundsatzes der Wirtschaftlichkeit und Sparsamkeit im Haushaltswesen ist, wobei dieser allgemeine Grundsatz zu dessen Verständnis und Auslegung mit herangezogen wird.

3. Sowohl die Verwaltungsräte (im Rahmen ihrer Selbstverwaltungsautonomie) als auch die Aufsichtsbehörden der Sozialversicherungsträger (bei Ausübung ihres Zustimmungsvorbehalts bzw. allgemeinen Aufsichtsrechts) haben sich nach unserem Eindruck bisher *nicht* auf diese neue Rechtslage eingestellt; beide (Verwaltungsräte und Aufsichtsbehörden) stehen also noch vor der Aufgabe, dieser neuen Rechtslage gerecht zu werden, einerseits die Verwaltungsräte durch Aufstellung entsprechender Vergütungsstrukturen und -grundsätze und andererseits die Aufsichtsbehörden durch grundlegende Umgestaltung neuer interner (Aufsichts-)Regeln, die für ihre internen Aufsichtszwecke bestimmt sind; und die Aufsichtsbehörden haben gemäß BSG-Urteil vom 20. März 2018 aufgrund einer Selbstbindung für einen verlässlichen, schon bei den Vertragsverhandlungen berücksichtigungsfähigen Rahmen für die Krankenkassen zu sorgen, nämlich in Form gesetzeskonkretisierender Richtlinien, die verdeutlichen, wann sie einem Vertrag zustimmen.

4. Der Angemessenheitsbegriff ist ein *gängiger und allgemeiner Rechtsbegriff*, der sich in anderen Gesetzen wiederfindet (z.B. AktG; Institutsvergütungsverordnung). Hierauf hat der Gesetzgeber im SGB IV zurückgegriffen, anstelle des vormals einschlägigen Grundsatzes der Wirtschaftlichkeit und Sparsamkeit. Daher liegt die Annahme nahe, dass damit auf die Grundprinzipien dieses anerkannten Rechtsbegriffs Bezug genommen wurde. Das BSG hat hieran indes nicht angeknüpft.

5. Es gibt eine erhebliche Bandbreite an Entscheidungen und Beurteilungen, die gleichermaßen *angemessen* sind. Angemessenheit bezieht sich auf Transparenz und Nachvollziehbarkeit der Entscheidung im jeweiligen Einzelfall und die zugrunde gelegten Kriterien; weniger dagegen auf ein bestimmtes Ergebnis bzw. eine absolute Ober- und Untergrenze. Und vom Verwaltungsrat ist ein Vorstandsvergütungssystem festzulegen, das im Einklang mit der „Unternehmensstrategie" der jeweiligen Krankenkasse stehen sollte.

6. Der vom Gesetzgeber mit Wirkung seit dem 13. August 2013 eingefügte Zustimmungsvorbehalt der Aufsichtsbehörden soll dazu dienen, *nicht nachvollziehbaren Erhöhungen* der Vorstandsvergütungen und dem *intransparenten Zustandekommen* von Vorstandsdienstverträgen zu begegnen; anders als vom Bundesrechnungshof vorgeschlagen, wurden damit keine gesetzlichen Obergrenzen für Vorstandsvergütungen festgelegt bzw. vom Marktniveau unabhängige Vergütungsmaßstäbe. Ziel ist es, *das Unangemessene aus den Umständen des Einzelfalls zu begründen*, und nicht: das Angemessene absolut zu bestimmen.

7. Dieser Zustimmungsvorbehalt beinhaltet nach dem Verständnis des BSG eine begrenzte Ermessensentscheidung der Aufsichtsbehörde, d.h. die Aufsichtsbehörde hat eine Entscheidung nach pflichtgemäßem Ermessen zu treffen, wobei die unbestimmten Rechtsbegriffe in § 35a Abs. 6a SGB IV in den Ermessensbereich hineinragen und zugleich Inhalt und Grenzen der pflichtgemäßen Ermessensausübung bestimmen. Etwaige Zweckmäßigkeitserwägungen hat die Aufsichtsbehörde dabei nicht anzustellen; ihre Aufgabe ist auf eine reine Rechtskontrolle beschränkt, der Zustimmungsvorbehalt ist kein Akt staatlicher Mitwirkung an der autonomen Rechtsetzung des Sozialversicherungsträgers. Dagegen verstehen die Verfasser dies als sog. präventives Verbot mit Erlaubnisvorbehalt, d.h. die Aufsichtsbehörde hat die Zustimmung zu erteilen, wenn der Vorstandsvertrag rechtmäßig ist und die Vorstandsvergütung im angemessenen Verhältnis zu den im Gesetz genannten Kriterien steht; insofern ist die Mitgliederzahl (bzw. als Pendant die Versichertenzahl) dieser Krankenkasse ein vom Gesetzgeber vorgegebener Aspekt, der zu *berücksichtigen* ist, d.h. in die Erwägungen zur Festlegung der Vergütungsstruktur und -höhe einbezogen werden muss, jedoch nicht das einzige Kriterium und keinesfalls immer das entscheidende ist, nämlich wenn sachliche Gründe für eine stärkere Gewichtung der anderen gesetzlichen Kriterien sprechen.

8. Im Rahmen dieser Untersuchung wurden „Echtdaten" erhoben, und zwar auch im Hinblick auf Werte zu den betrieblichen Altersversorgungszusagen, entgeltwerten Vorteilen, weiteren Einkünften etc. (im Gegensatz zu den bisher im Bundesanzeiger veröffentlichten Werten sowie dem früheren Arbeitspapier der Aufsichtsbehörden). Der neuen sog. allgemeinen Verwaltungsvorschrift vom 14./15. November 2018 fehlt es insofern an Transparenz.

9. Anhand dieser Echtdaten ergibt sich kein Gesamtbild dahingehend, dass bisher Mitgliederzahl, Versichertenzahl, Beschäftigtenzahl sowie die weiteren der Untersuchung zugrunde gelegten Kennziffern die Vergütungsstruktur der Vorstandsmitglieder einschließlich der Höhe unmittelbar und evident (d.h. offensichtlich) zu erklären vermögen.

10. Für diese Heterogenität muss es daher andere Gründe (Kriterien) geben, die sich aber nicht evident, d.h. auf den ersten Blick, erschließen.

11. Es ist Aufgabe des Verwaltungsrats einer jeden Krankenkasse, möglichst im Zusammenwirken mit einer externen Vergütungsberatung, die Vergütungsstruktur für ihre Vorstandsmitglieder in Übereinstimmung mit den im Gesetz genannten Kriterien festzulegen, die transparent, nachvollziehbar und im Einklang mit der jeweiligen „Unternehmensstrategie" stehen muss (d.h. insbesondere mit der jeweiligen Ausrichtung, etwaigen besonderen Aufgaben/Herausforderungen etc. in Bezug auf die jeweilige Krankenkasse).

12. Die jeweils zuständige Aufsichtsbehörde kann den Verwaltungsrat bei Festlegung der Vergütungsstrukturen im formellen Sinn *nicht beraten*. Die Beratung als Aufsichtsmittel gemäß § 89 Abs. 1 SGB IV scheidet bei einer *präventiven* Aufsicht wie hier aus, da eine solche Beratung zunächst eine entsprechende Rechtsverletzung der Krankenkasse voraussetzen würde, also Teil der *repressiven* Aufsicht ist. Bei der Festlegung angemessener Vergütungsstrukturen und -höhen übt der Verwaltungsrat einen Kernbestandteil der Selbstverwaltungsautonomie aus; insofern hat die Aufsicht Kontrollfunktion.

13. Weder die im bisherigen Arbeitspapier der Aufsichtsbehörden zugrunde gelegte Versichertenzahl hat ein Alleinstellungsmerkmal, noch die dort in die Grafiken eingebaute Trendlinie.

14. Die Parameter (Kriterien) für die Angemessenheit der Vorstandsgesamtvergütung haben sich an dem gesetzlichen Leitbild zu orientieren, wonach durch die Wahl eines hauptamtlichen Vorstandsmitgliedes (nur) auf Zeit die Management-Qualifikation der einzelnen Vorstandsmitglieder gesichert und zugleich die Professionalisierung des Vorstandes in seiner Gesamtheit gestärkt werden soll.

15. Die Angemessenheit der Gesamtvergütung von Krankenkassenvorständen hat sich auch an Vergütungsstrukturen zu orientieren, wie sie im „öffentlichen Dienst" (im weiteren Sinne) in Bezug auf Führungspositionen vorzufinden sind, nämlich mit den dort festzustellenden, *gemeinsamen Struktu-*

relementen: Festgehalt, variable (erfolgsbezogene) Vergütungsbestandteile, Aufwandsentschädigung, Dienstwagen für dienstliche Zwecke mit dem Recht auch zur Privatnutzung, Versorgungszusagen, Versicherungsentgelte und Versicherungsleistungen für private Zwecke, Übergangsgelder bei Ausscheiden nach einer bestimmten Amtszeit oder vereinbarte Abfindungen.

16. Angemessen bedeutet daher u.a., dass es neben einem Festgehalt einen *hinreichend hohen erfolgsbezogenen, variablen Vergütungsanteil* sowie weitere sog. nicht-monetäre Vergütungsbestandteile geben sollte, wie z.B. eine hinreichende Altersversorgung, Übergangsgeld/Abfindung bei vorzeitiger Beendigung etc.

17. Bei der Angemessenheit der Vorstandsgesamtvergütung ist auch zu berücksichtigen, dass es keine zu kleinen oder zu großen Abstände zur Gesamtvergütung der *nächsten, nachgelagerten Führungsebene* geben sollte; diese Abstände zur nächst höheren Führungsebene sind *auch in zeitlicher Hinsicht* zu berücksichtigen.

18. Bei Festlegung der Vergütungsstrukturen sollte als ein Merkmal neben einer Vielzahl weiterer Parameter berücksichtigt werden, welche Bedeutung die jeweilige Krankenkasse an der *gesundheitswirtschaftlichen Bedeutung der GKV* insgesamt hat; deren Ausgabenanteil machte 6,5 % am BIP im Jahr 2017 aus; von den gesamten Gesundheitsausgaben über alle Ausgabenträger im Jahr 2017 (rund EUR 374Mrd.) entfielen mehr als 56 % auf die GKV, und damit in den Zuständigkeits- und Verantwortungsbereich der jeweiligen Vorstände.

19. Die *Einschätzungsprärogative des Verwaltungsrats* bekommt dort ihr Gewicht, wo eine transparente, nachvollziehbare und mit der „Unternehmensstrategie" übereinstimmende Vergütungsstruktur festgelegt wurde (auch unter Berücksichtigung der Gesamtvergütungen/Struktur der nächst höheren Führungsebene), nämlich wenn es dann zu einer Zustimmungsverweigerung durch die Aufsichtsbehörde kommt: dann setzt sich im Zweifel die Einschätzungsprärogative des Verwaltungsrats durch gegenüber Bedenken der Aufsichtsbehörde mit der Maßgabe, dass die Aufsichtsbehörde nach erfolgloser Darlegung ihres Standpunktes im Antragsverfahren die Zustimmung erteilen muss; dies gilt dann nicht (kein Vorrang der Einschätzungsprärogative), wenn diese Entscheidungsfindung hinsichtlich der Vergütungsstrukturen nicht nachvollziehbar ist und der Aufwand der Krankenkasse für das einzelne Vorstandsmitglied (bzw. den Vorstand insgesamt) dasjenige finan-

zielle Volumen *ohne sachlichen Grund deutlich überschreitet*, das andere Krankenkassen für die Vergütung vergleichbarer Personen und Zwecke aufwenden. Das BSG hat insofern ähnlich entschieden, nämlich dass in den von den Aufsichtsbehörden zu erlassenden, gesetzeskonkretisierenden Richtlinien Regelfälle vorgesehen und in Öffnungsklauseln Abweichungen für Ausnahmefälle zugelassen werden müssen. Offen ist lediglich, welche Bedeutung dann das vom BSG angenommene begrenzte Ermessen der Aufsichtsbehörde hat; und ob diese Vorgaben in den neuen sog. allgemeinen Verwaltungsvorschriften gesetzeskonform umgesetzt wurden.

20. Bei Festlegung der Vergütungsstrukturen durch den Verwaltungsrat ist es unabdingbar, sich an den „Marktpreisen" zu orientieren, und zwar nicht nur bezogen auf die Vorstandsvergütungen anderer Krankenkassen, sondern auch auf die Gesamtvergütungen und -entwicklungen der nächst höheren Führungsebene (sog. Vertikalvergleich); diese Sichtweise kann also nicht eindimensional nur auf die Vergütung(sentwicklungen) auf Vorstandsebene gerichtet, sondern muss *mehrdimensional* sein. Vom BSG gibt es hierzu keine Aussage.

21. In der Diskussion, ob die Vorstandsvergütungen im Krankenkassenbereich angemessen sind, sollte stärker in den Fokus gerückt werden, dass die *Sozialpartner (Gewerkschaften und Arbeitgeberverbände)* bei den Sozialwahlen eine wesentliche Rolle spielen, so dass deren Sachverstand über die gewählten Verwaltungsratsmitglieder in den Verwaltungsrat einfließt und damit u.a. in die Entscheidungsfindung über angemessene Vergütungsstrukturen und -höhen.

22. Wir haben keine Indizien feststellen können, die auf einen Mittelmissbrauch in dem Sinne hindeuten, dass bei den Krankenkassen, deren Vorstände sich an der Umfrage beteiligt haben, völlig überhöhte, in keiner Hinsicht nachvollziehbare Vorstandsgesamtvergütungen gewährt würden.

1.2 Gesetzliches Leitbild der Vorstandsfunktion

Vorstände von Krankenkassen werden auf eine bestimmte Dauer bestellt (max. für sechs Jahre gemäß § 35a Abs. 3 S. 2 SGB IV). Daher ist (als Annex) auch nur der Abschluss eines entsprechend befristeten Dienstvertrages zulässig.[1] Diese Vorstandsfunktion ist eine komplexe Managerfunktion, die entsprechende Qualifikationen, Entscheidungsfähigkeit und Flexibilität voraussetzt. Damit einhergehend wurden die vorher am Beamtenrecht orientierten Vergütungsregelungen für die (bis 1995) hauptamtlichen, aber unbefristet beschäftigten Geschäftsführer aufgegeben und durch neue Vergütungsstrukturen ersetzt, die den am Managerleitbild orientierten Kriterien besser entsprechen.

Zurückzuführen ist all dies auf das Gesundheitsstrukturgesetz (GSG) vom 21. Dezember 1992[2], durch welches zum 01. Januar 1996 eine an den Wettbewerbsprinzipien orientierte Organisationsstruktur Einzug in das System der gesetzlichen Krankenversicherung (GKV) gefunden hat.[3] Dadurch wurden, abweichend von den damals für alle Zweige der Sozialversicherung geltenden Organisationsstrukturen in der GKV (hauptamtliche, unbefristet beschäftigte Geschäftsführung sowie Vertreterversammlung und Vorstand als ehrenamtliche Organe) ein hauptamtlicher Vorstand implementiert, der indes nur auf Zeit (befristet) zu bestellen ist (max. auf sechs Jahre, § 35a Abs. 3 S. 2 SGB IV), und der ehrenamtliche Verwaltungsrat als Selbstverwaltungsorgan. Die bis dahin für die unbefristet beschäftigten Geschäftsführer der Krankenkassen und Verbände geltenden, am Beamtenrecht orientierten Vergütungsregelungen wurden in diesem Kontext aufgegeben.

---

1 *Baier,* in: Krauskopf, Kommentar zum SGB IV, 99. EL, Juni 2018, § 35a Rn 21 u. § 33 Rn. 9; *Köster,* in: Kreikebohm, SGB IV, 2. Auflage 2014, § 35a Rn. 2 u. § 33 Rn. 7; OLG Schleswig-Holstein, 09.05.2012, 9 U 26/11; LG Itzehoe, 24.02.2011, 6 O 209/09, BeckRS 2011, 16831 unter Ziffer II.1 der Gründe; s. auch BAG, 26.08.2009, 5 AZR 522/08, NZA 2009, 1205, zur vergleichbaren Thematik beim AG-Vorstand.

2 BGBl. I, S. 2266.

3 So auch bereits das frühere Arbeitspapier der Aufsichtsbehörden der Sozialversicherungsträger Vorstands- und Geschäftsführervergütungen im Bereich der gesetzlichen Krankenversicherung von März 2016, als Anlage zum BVA-Schreiben vom 30.03.2016, indes mit sachlich nicht begründeten Schlussfolgerungen.

In der Begründung dieses GSG-Gesetzentwurfes der Fraktionen von
CDU/CSU, SPD und FDP vom 05. November 1992 heißt es dazu, dass Selbstverwaltung und Geschäftsführung der Krankenkassen zukünftig auch den durch
Wahlfreiheit und Wettbewerb gestiegenen Anforderungen an Entscheidungsfähigkeit, Kompetenz und Flexibilität gerecht werden müssten; dem werde durch
die Wahl eines hauptamtlichen Vorstandes auf Zeit Rechnung getragen.[4] Ferner
heißt es dort, als Begründung zu § 35a SGB IV, dies ermögliche, qualifizierte
Personen einzustellen und in Abs. 6 wird bestimmt, welche Qualifikationen für
eine derartige Managerfunktion erforderlich sind.[5] Nochmals bekräftigt wurde
diese Aussage zum gesetzlichen Leitbild der Vorstandsfunktionen im Jahr 2003,
und zwar durch das GKV-Modernisierungsgesetz (GMG) vom 14. November
2003[6], wo – mit der entsprechenden Systemumstellung auch im Bereich der
kassenärztlichen und kassenzahnärztlichen Vereinigungen durch Bildung hauptamtlicher Vorstände – darauf abgestellt wird, dass die für den Vorstand der gesetzlichen Krankenkassen geltenden Regelungen zur Wahl, Amtsführung, Amtsenthebung und Haftung des SGB IV entsprechend anzuwenden seien; insofern
wird ausdrücklich betont, dass dadurch die Management-Qualifikation der einzelnen Mitglieder des Vorstandes für ihren jeweils eigenverantwortlich zu leitenden Geschäftsbereich gesichert und zugleich die Professionalisierung des
Vorstandes in seiner Gesamtheit gestärkt werden solle.[7]

Keine Änderungen an diesem gesetzgeberischen Leitbild hat es durch das
dritte Gesetz zur Änderung arzneimittelrechtlicher und anderer Vorschriften vom
07. August 2013 gegeben, durch das die Einfügung des Abs. 6a in § 35a SGB IV
beschlossen wurde – und damit der Zustimmungsvorbehalt durch die Aufsichtsbehörden bei Abschluss, Verlängerung und Änderung eines Vorstandsvertrages
sowie das Kriterium der Angemessenheit der Vorstandsvergütung.[8] Stattdessen wurde nochmals ausdrücklich auf dieses gesetzgeberische Leitbild abgestellt
und ausdrücklich betont, dass es vom Willen des Gesetzgebers gedeckt war, dass
das Zusammenwirken von vergrößertem Aufgabenumfang und befristeter An-

---

4   BT-Drs. 12/3608, S. 75.
5   BT-Drs. 12/3608, S. 128.
6   BGBl. I, S. 2190.
7   BT-Drs. 15/1525, S. 152.
8   Vgl. BT-Drs. 17/13770, S. 21 f.

stellung zu einer Steigerung des Vergütungsniveaus führen würde.[9] Des Weiteren lässt sich der Gesetzesbegründung entnehmen, dass der Zustimmungsvorbehalt dazu dienen soll, *nicht nachvollziehbaren Erhöhungen der Vorstandsvergütungen und dem intransparenten Zustandekommen der Vorstandsdienstverträge zu begegnen*.[10] Darüber hinaus wurden die Bedenken des Bundesrechnungshofs nur *teilweise aufgegriffen*, nämlich im vorstehenden Sinne – und nicht etwa weitergehend im Sinne der Entwicklung von Vergütungsmaßstäben, die vom Marktniveau unabhängig wären, bzw. indem eine gesetzliche Obergrenze für Vorstandsvergütungen festgelegt wurde, wie vom Bundesrechnungshof vorgeschlagen.[11]

Dieser Zustimmungsvorbehalt wurde bisher in der Literatur aus verwaltungs-/sozialrechtlicher Perspektive als sog. *präventives Verbot mit Erlaubnisvorbehalt* eingeordnet.[12] Indes hat das BSG dies anders entschieden, nämlich dass es sich dabei um „eine durch zu erlassende Richtlinien begrenzte Ermessensentscheidung der Aufsichtsbehörde" handelt[13], wobei die „unbestimmten Rechtsbegriffe in § 35a Abs. 6a SGB IV in den Ermessensbereich hineinragen und zugleich Inhalt und Grenzen der pflichtgemäßen Ermessensausübung bestimmen".[14] Dies leitet das BSG wohl maßgeblich aus der Funktion der (der Aufsichtsbehörde übertragenen) präventiven Rechtmäßigkeitskontrolle ab; eine überzeugende Begründung fehlt jedoch an dieser Stelle im Urteil.[15] Offen bleibt ferner, welchen Unterschied es ausmacht, wenn der Verwaltungsrat die Angemessenheit der Vorstandsvergütung nach den gesetzlichen Kriterien nachvollziehbar und widerspruchsfrei begründet hat und der Vorstandsvertrag im Übrigen rechtmäßig ist, d.h. ob dann auch nach Auffassung des BSG wegen einer

---

9 BT-Drs. 17/13770, S. 21
10 Siehe vorangehende Fußnote.
11 Vgl. BT-Drs. 17/13770, S. 22.
12 *Schnapp*, SGb 02.2015, S. 61, 62 m.w.N.
13 BSG, B 1 A 1/17 R, ECLI:DE:BSG:2018:200318UB1A117R0 (Rn. 15 ff., insbes. Rn. 16);s. dazu *Hilbrandt*, KrV 2018, 192 ff.; vgl. aber auch *Schnapp*, SGb 02.2015, S. 61, 62 ff.; *Andelewski/Steinbring-May*, KrV 2014, S. 142, 146 f.; *Gaßner/Scherer*, NZS 2015, S. 166, 170; *Kingreen*, nicht veröffentlichtes Rechtsgutachten für den GKV-Spitzenverband, Juli 2014, S. 16 ff./33 f. m.w.N.; *Lunk*/Kassow, NZS 2016, S. 168, 171 m.w.N.; *Kreikebohm/Köster*, SGB IV, 2. Aufl. 2014, § 35a SGB IV Rn. 10.
14 BSG, B 1 A 1/17 R, ECLI:DE:BSG:2018:200318UB1A117R0 (Rn. 20).
15 BSG, B 1 A 1/17 R, ECLI:DE:BSG:2018:200318UB1A117R0 (Rn. 20).

sog. „Ermessensreduzierung auf Null" die Zustimmung zu erteilen ist. Nach hiesigem Verständnis ist dies zu bejahen. Damit sehen sich im Ergebnis sowohl Verwaltungsrat als auch die jeweils zuständige Aufsichtsbehörde mit der Aufgabe konfrontiert, diese Gesetzesbestimmung auslegen und dem *Angemessenheitsbegriff* inhaltliche Konturen geben zu müssen. Zwar hat das BSG entschieden, dass den Aufsichtsbehörden die Aufgabe zukomme, das im Gesetz eher vage umschriebene Angemessenheitsgebot zu konkretisieren (was eigentlich eine originäre Aufgabe des Gesetzgebers wäre oder ggf. von jenem auf dem Verordnungsweg delegiert werden könnte, was beides aber nicht geschehen ist); nunmehr sollen die Aufsichtsbehörden anstelle des Gesetzgebers für einen „verlässlichen, schon bei den Vertragsverhandlungen berücksichtigungsfähigen Rahmen für die [Krankenkassen] sorgen, nämlich in Form gesetzeskonkretisierender Richtlinien, die verdeutlichen, wann sie einem Vertrag zustimmen"; solche Richtlinien sollen „gesetzeskonform den Entscheidungsprozess der [Krankenkassen] unter Achtung ihres Selbstverwaltungsrechts strukturieren", die „Gleichbehandlung der [Krankenkassen] garantieren" und „hierzu die jeweils zuständige Aufsichtsbehörde selbst binden".[16] Etwaige Zweckmäßigkeitserwägungen habe die Aufsichtsbehörde dabei aber nicht anzustellen; ihre Aufgabe sei auf eine reine Rechtskontrolle beschränkt, der Zustimmungsvorbehalt sei „kein Akt staatlicher Mitwirkung an der autonomen Rechtsetzung des Sozialversicherungsträgers".[17] Andererseits hat das BSG zugleich mit seinem Urteil das Selbstverwaltungsrecht des Verwaltungsrats und seine Einschätzungsprärogative gestärkt, indem es betont, dass der Gesetzgeber an der ab 1996 durch das sog. Gesundheits-Strukturgesetz eingeführten Stärkung der Selbstverwaltung der Krankenkassen festhalten wollte, damit jene den Anforderungen des gestiegenen Wettbewerbs gerecht werden können.[18] Das dieser Entscheidung innewohnende prognostische Moment ist für das BSG ausdrücklich Gegenstand der Einschät-

---

16 BSG, B 1 A 1/17 R, ECLI:DE:BSG:2018:200318UB1A117R0 (Rn. 17).
17 BSG, B 1 A 1/17 R, ECLI:DE:BSG:2018:200318UB1A117R0 (Rn. 18); vgl auch *Schnapp*, SGb 02.2015, S. 61, 6 ff.; *Andelewski/Steinbring-May*, KrV 2014, S. 142, 146 f.; *Gaßner/Scherer*, NZS 2015, S. 166, 170; *Kingreen*, nicht veröffentlichtes Rechtsgutachten für den GKV-Spitzenverband, Juli 2014, S. 16 ff./33 f. m.w.N.; *Lunk/*Kassow, NZS 2016, S. 168, 171 m.w.N.; *Kreikebohm/Köster*, SGB IV, 2. Aufl. 2014, § 35a SGB IV Rn. 10.
18 BSG, B 1 A 1/17 R, ECLI:DE:BSG:2018:200318UB1A117R0 (Rn. 18).

zungsprärogative des Selbstverwaltungsorgans.[19] Letztlich bleibt es also auch danach der Einschätzungsprärogative des Verwaltungsrats, im Rahmen der Selbstverwaltungsautonomie, vorbehalten, die abschließende Beurteilung vorzunehmen, ob die Vorstandsvergütung im jeweiligen Einzelfall angemessen ist, wenn dies (als Regel- oder Ausnahmefall) plausibel begründet wird. Indes schafft das BSG-Urteil zu etlichen Detailfragen Klarheit, andererseits ergeben sich neue Fragestellungen, die noch unbeantwortet sind.[20]

1.3 Versorgungspolitische, gesundheitswirtschaftliche und gesellschaftliche Bedeutung der GKV als Teil der Gesundheitspolitik mit ihren Zielen, Partnern und Innovationen

Das vorangehend skizzierte Leitbild des Krankenkassenvorstands, der zugleich Vorstand der jeweiligen Pflegekasse ist, lässt sich eng verknüpfen mit den gestiegenen versorgungspolitischen, gesundheitswirtschaftlichen und gesellschaftlichen Aufgaben der GKV als Teil eines Gesundheitsmarktes, sowie dessen Komplexität, Chancen, Risiken und der damit verbundenen (persönlichen) Haftung der handelnden Vorstände bei Fehlentscheidungen.

Gemeinsames Ziel aller Beteiligten ist die bessere Gesundheit der Bevölkerung: länger, besser und selbstbestimmt ist die Devise. Einher gehen mit der Krankenversorgung und gesundheitlichen Betreuung der Bevölkerung auch die Gesundheitswirtschaft als Branche mit ihrer Beschäftigung, Wertschöpfung, dem Export und dem Beitrag zur Staatsfinanzierung. Die Gesundheitswirtschaft trägt rund 12% zum deutschen Bruttoinlandsprodukt (BIP) bei.und 16.6% zur Beschäftigung[21] Diese Art von empirischen Analysen der GKV gewinnen neben der Ausgabenentwicklung in der GKV mehr und mehr an Bedeutung, so dass es vorstellbar wäre, nicht nur die versorgungspolitischen Aufgaben der GKV in den

---

19 BSG, B 1 A 1/17 R, ECLI:DE:BSG:2018:200318UB1A117R0 (Rn. 16).
20 *Hilbrandt*, KrV 2018, 195 f.
21 Siehe im EinzelnenBundesministerium für Wirtschaft und Energie, Gesundheitswirtschaft - Fakten & Zahlen, Ausgabe 2017, Ergebnisse der Gesundheitswirtschaftlichen Gesamtrechnung,Berlin 2018.

Vordergrund zu stellen, sondern auch ihre gesundheitswirtschaftliche Bedeutung zu untersuchen, die sich nicht nur daran zeigt, dass der Anteil ihrer Ausgaben 6,5% am BIP im Jahr 2017 ausmachte.[22] Bessere Gesundheit und mehr Wohlstand in ihrer wechselseitigen Beziehung stehen ganz oben auf der Agenda der Gesundheitspolitik. Zu ihren Trägern gehören die Bundesministerien für Wirtschaft und Energie sowie für Bildung und Forschung – und vor allem die weitgehend durch ihre Selbstverwaltung geprägte GKV. In diesem Kontext sei in Erinnerung gerufen, dass sich in Deutschland die gesamten Gesundheitsausgaben über alle Ausgabenträger im Jahre 2017 auf rund EUR 374 Mrd. beliefen; davon entfallen mehr als 56% auf die GKV und gehören damit in den Zuständigkeits- und Verantwortungsbereich ihres Managements.[23]

Die Abbildung 1 (Ziele der Gesundheitspolitik) verdeutlicht, wie die verschiedenen Partner im Gesundheitswesen zur Gesundheitspolitik auf unterschiedlichen Ebenen und in verschiedenen Bereichen beitragen. Durch ihre Kooperation und im Wettbewerb sind Innovationen in vielen Einsatzfeldern wünschenswert und auch möglich.[24] Für die gesundheitspolitische Gestaltung der Gesundheitsversorgung braucht man Ziele und Kriterien einer bedarfsgerechten und kostengünstigen Versorgung der Bevölkerung durch die GKV, die auch im Kontext der OECD-Vergleiche eine zunehmende Rolle spielen.

Vor diesem Hintergrund übernehmen Krankenkassenvorstände häufig weitere wichtige Aufgaben und Funktionen, die von ihrer Vorstandsvergütung mitumfasst werden und nicht extra vergütet sind; dazu gehören z.B.: Gründung und Beteiligung an Gemeinschaftsunternehmen (wie z.B. GWQ Serviceplus AG) zwecks Generierung erheblicher Kosten- und Leistungsvorteile bei Arzneimittelrabattverträgen, Hilfsmittelverträgen, hausarztzentrierter Versorgung; feder-

---

22 Statistisches Bundesamt, Destatis http://de.statista.com/statistik/daten/studie/181752/umfrage/
    anteil-der-ausgaben-der-gkv-am-bruttoinlandsprodukt.
23 Siehe im Einzelnen Statistisches Bundesamt, Destatis unter tps://www.destatis.de/DE/Zahlen
    Fakten/GesellschaftStaat/Gesundheit/Gesundheitsausgaben/Tabellen/Ausgabentraeger.html;
    jsessionid=2A0A498C069D3DDD64B9AEEE66259D49.cae3.
24 Siehe hierzu „Potentielle Einsatzfelder für Innovationen im Gesundheitswesen". Impulsbeitrag
    von *Klaus-Dirk Henke*, TU Berlin, 2016, , abrufbar über Bundesverband Managed Care (BMC).

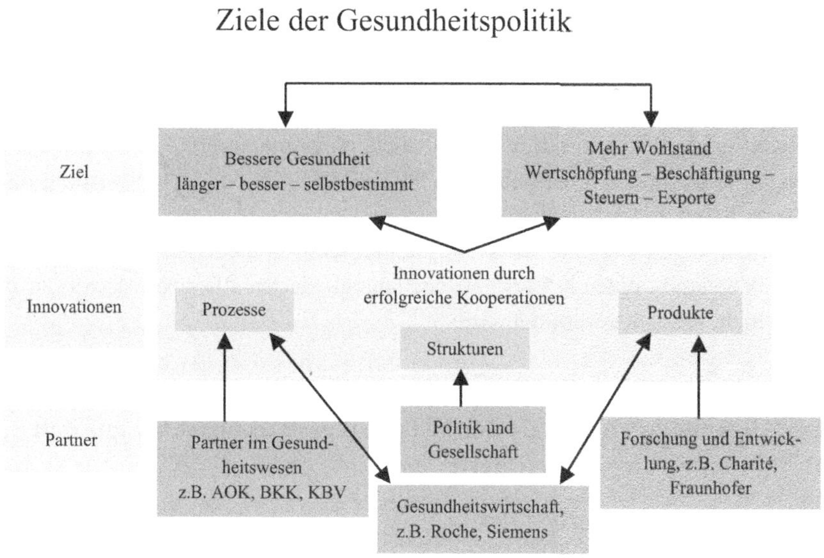

Ziele der Gesundheitspolitik

Ziel	Bessere Gesundheit länger – besser – selbstbestimmt	Mehr Wohlstand Wertschöpfung – Beschäftigung – Steuern – Exporte
Innovationen	Prozesse	Innovationen durch erfolgreiche Kooperationen
		Strukturen
		Produkte
Partner	Partner im Gesundheitswesen z.B. AOK, BKK, KBV	Politik und Gesellschaft
		Gesundheitswirtschaft, z.B. Roche, Siemens
		Forschung und Entwicklung, z.B. Charité, Fraunhofer

Abb. 1: Ziele der Gesundheitspolitik
Quelle: in Anlehnung an Riederer (2015)

führende Weiterentwicklung des regionalen Versorgungsangebots mit Kliniken, Ärzten und Therapeuten inkl. des Abschlusses entsprechender Verträge; Aufsichtsratsfunktionen in Fortbildungseinrichtungen zur Personalentwicklung im Krankenkassensystem; Engagement im Verein Betriebliche Krankenversicherung e.V. im Sinne der Weiterentwicklung betriebsbezogener BKK's und Stärkung des betrieblichen Gesundheitsmanagements; sowie vieles mehr.[25]

Gestiegen sind auch die Anforderungen der handelnden Personen im Hinblick auf den politisch gewollten und intensivierten Wettbewerb zwischen den Krankenkassen. Dieser Wettbewerb ist für den Marktverbleib der einzelnen Krankenkasse von entscheidender Bedeutung, wie die bekannten Beispiele der City BKK und BKK für Heilberufe zeigen. Aus diesem gesteigerten Wettbewerb resultiert eine erhebliche Anzahl weiterer Wettbewerbsfelder, nämlich im Hin-

---

25 Weitere Beispiele bei *Schnapp*, Rechtsgutachten, August 2014, nicht veröffentlicht, S. 55 f.

blick auf Preiswettbewerb (Zusatzbeitrag), Vertragswettbewerb, Service etc. Die
Verantwortungsträger der Krankenkassen bewegen sich also in keiner „Wohl-
fühloase" mit zugewiesenen Mitgliedern, sondern in einem besonders intensiven
Wettbewerb, der zu zahlreichen Marktaustritten geführt hat. All dies hat erhebliche Konsequenzen nicht nur für die Versichertengemeinschaft, die Selbstverwaltung und die Arbeitnehmer/innen einer Krankenkasse. Die Verantwortung hierfür trägt letztlich der Vorstand, der die Krankenkasse leitet und damit hauptverantwortlich für Erfolg bzw. Misserfolg seiner Krankenkasse ist. Des Weiteren ist
dieser Vorstand zugleich Vorstand der angegliederten Pflegekasse, was in der
Regel nicht gesondert vergütet wird.

1.4 Allgemeine Merkmale der Vergütungsstrukturen bei auf Zeit bestellten Organvertretern

Zurückkommend auf die gesetzgeberischen Leitlinien und Vorgaben (gestiegene
Anforderungen an Managerqualitäten wie Entscheidungsfähigkeit, Kompetenz
und Flexibilität; Einstellung von Personen mit notwendiger Qualifikation für
derartige Managerfunktionen; Bestellung auf Zeit) ergeben sich Anknüpfungs-
punkte auch für die erforderlichen und geeigneten Vergütungsstrukturen. Insofern ist es naheliegend, auf vergleichbare Fallgruppen anderer, auf eine bestimmte Dauer bestellter Organvertreter abzustellen. Und als Ausdruck eines allgemein
gültigen Grundprinzips kann man z.b. an die Bestimmung von Vergütungsstrukturen bei Vorständen und Geschäftsführern anknüpfen, wie sie im HGB (§ 285
Nr. 9), AktG (§ 87 Abs. 1) und Deutschen Corporate Governance Kodex ihren
Ausdruck und ihre Konkretisierungen gefunden haben. Anknüpfungspunkt sind
dabei (nur) die Vergütungsstrukturen, nicht die Vergütungshöhe. Unter *Vergütungsstruktur* sind die Zusammensetzung verschiedener Vergütungselemente, ihr
Verhältnis zueinander und damit die Grundzüge des Vergütungssystems der
einzelnen Krankenkasse zu verstehen, bezogen auf das einzelne Vorstandsmit-

glied.[26] Und grundsätzlich ist es Aufgabe und Pflicht des Verwaltungsrats, solche Strukturen (fort) zu entwickeln.[27]

Auch im öffentlichen Dienst (im weiteren Sinne) findet man derartige Vergütungsstrukturen, wenn man Führungspositionen auf Zeit betrachtet; so beispielsweise bei sog. Wahlbeamten (z.b. Bürgermeistern oder Landräten mit Anspruch nach einer bestimmten Amtszeit auf Versorgung/Ruhegehalt oder Übergangsgeld mit Nachversicherung in der gesetzlichen Rentenversicherung)[28], dem Vorstand der Bundesagentur für Arbeit und bei Sparkassenvorständen[29].

Dabei kann man als Gemeinsamkeiten in den Vergütungsstrukturen Folgendes feststellen: neben einem Festgehalt und variabler (erfolgsbezogener) Vergütungsbestandteile (fixe und variable Vergütung) gibt es Aufwandsentschädigungen, einen Dienstwagen für dienstliche Zwecke mit dem Recht auch zur Privatnutzung, Versorgungszusagen, Versicherungsentgelte[30], Versicherungsleistungen, Übergangsgelder bei Ausscheiden nach einer bestimmten Amtszeit oder vereinbarte Abfindungen (Abfindungscaps) (s. zu weiteren Einzelheiten unten Abschnitt 2.2). In Anlehnung an § 285 Nr. 9a HGB sind dies die Gesamtbezüge für die Vorstandstätigkeit im Geschäftsjahr. Dabei sind in diese Gesamtbezüge

---

26 Ziff. 4.2.5 DCGK; *Hüffer/Koch*, AktG, 13. Aufl. 2018, § 87 Rn. 10; *Kort*, in: GK-AktG, 5. Aufl. 2015, § 87 Rn. 42; *Seibt*, in: Schmidt/Lutter, 3. Aufl. 2015, § 87 Rn. 13; *Mertens/Kahn*, in: Kölner Kommentar zum AktG, 3. Aufl. 2009, § 87 Rn. 22; vgl. auch §§ 285 Nr. 9a, 289 Abs. 2 Nr. 5, 315 Abs. 2 Nr. 4 HGB.

27 *Hüffer/Koch*, a.a.O., § 87 Rn. 10; *Kort*, in: GK-AktG, 5. Aufl. 2015, § 87 Rn. 41 (für den Aufsichtsrat börsennotierter AG).

28 Vgl. z.B. Gesetz über kommunale Wahlbeamte und Wahlbeamtinnen des Freistaates Bayern vom 24.07.2012, GVBl. S. 366, ber. 2014, S. 20; allgemeine, instruktive Übersicht bei *Krumme, Ulrich*, Pensionsansprüche Kommunaler Wahlbeamtinnen und Wahlbeamter, Stand Nov 2015, veröffentlicht im Internet unter https://www.kvw-muenster.de/download/Anspruchsberechtigte _BV/Iconteaser_Pensionsansprueche_kommunaler_Wahlbeamter.03.18.pdf.

29 Vgl. zur Vergütungsstruktur bei der Bundesagentur für Arbeit: Haushaltsplan für 2016 S. 91, 131, wonach insg. EUR 1.2 Mio. für Vorstandsbezüge vorgesehen sind, sich jedoch explizit keine Angaben zu den Altersversorgungsansprüchen finden, die vertraglich geregelt sind; z.B. zur Vergütungsstruktur der Sparkassenvorstände in Nordrhein-Westfalen: http://www.sueddeutsche.de/wirtschaft/sparkassen-dick-gepolstert-1.2690175: Ruhegehaltsansprüche entstehen danach mind. fünfjähriger Amtszeit und Nichtverlängerung des Vertrages, in Abhängigkeit von der Vertragslaufzeit bis zu 55 % der letzten festen Bezüge.

30 Hierunter fallen nicht: Prämien zur D&O-Versicherung, da diese Versicherung primär das Vermögen des Unternehmens (bzw. hier: der Krankenkasse) schützen soll, vgl. *Hüffer/Koch*, AktG, 13. Aufl. 2018, § 87 Rn. 2 m.w.N.; *Kort*, in: GK-AktG, 5. Aufl. 2015, § 87 Rn. 14f.; *Mertens/Kahn*, in: Kölner Kommentar zum AktG, 3. Aufl. 2009, § 87 Rn. 24.

auch solche Bezüge einzurechnen, die nicht ausgezahlt, sondern in Ansprüche anderer Art umgewandelt oder zur Erhöhung anderer Ansprüche verwendet werden. Hierunter fallen (entsprechend § 285 Abs. 9a HGB) u.a. auch: Leistungen, die dem Vorstandsmitglied für den Fall einer vorzeitigen Beendigung seiner Tätigkeit zugesagt worden sind; Leistungen, die dem Vorstandsmitglied für den Fall der regulären Beendigung seiner Tätigkeit zugesagt worden sind (anzusetzen mit dem Barwert) sowie den von der Krankenkasse während des Geschäftsjahres hierfür aufgewandten oder zurückgestellten Betrag; Leistungen, die dem einzelnen Vorstandsmitglied von einem Dritten im Hinblick auf seine Tätigkeit als Vorstandsmitglied zugesagt oder im Geschäftsjahr gewährt worden sind.

2 Angemessenheit der Vorstandsvergütung

2.1 Methodischer Teil: Angemessenheitskriterien

2.1.1 Gesetzgeberische Vorgaben/Leitlinien

§ 35a Abs. 6a SGB IV nennt als Kriterien zur Bestimmung des angemessenen Verhältnisses der Vorstandsvergütung: Aufgabenbereich, Größe und Bedeutung der Körperschaft (d.h. der einzelnen Krankenkasse). Dabei ist insbesondere die Zahl der Mitglieder dieser Krankenkasse zu *berücksichtigen*. Diese Berücksichtigung bedeutet nicht Beachtung im Sinne strikter Verbindlichkeit, sondern dass dieses Kriterium in die Überlegungen mit einbezogen werden muss („in Erwägung ziehen"), also nicht gänzlich außer Betracht gelassen werden darf – es aber aus sachlichen Gründen möglich ist, dieses Kriterium nicht so stark zu gewichten und die anderen im Gesetz genannten Kriterien in den Vordergrund zu rücken.[31]

Generell kann man feststellen, dass sich der Wortlaut des § 35a Abs. 6a SGB IV offensichtlich nicht eng an § 87 Abs. 1 AktG anlehnt (hier: „Aufgabenbereich … der *Körperschaft*"; dort: „Aufgabenbereich und Leistungen des Vorstandsmitglieds", zzgl. „Lage der Gesellschaft" und ausdrücklich: „übliche Vergütung nicht übersteigen"). Dennoch wird man, soweit dort Grundprinzipien zum Ausdruck kommen[32] und jene auf die Vorstandsvergütungen bei Krankenkassen übertragbar sind, hierauf zurückgreifen können.[33] Dies sind insbesondere:

---

31 *Schnapp*, Rechtsgutachten, S. 50 m.w.N., u.a. unter Hinweis auf BSG, SozR 4-2500, § 116b Nr. 3 Rn. 64 ae.; nach BSG, B 1 A 1/17 R, ECLI:DE:BSG:2018:200318UB1A117R0 (Rn. 32) muss die Vergütung im angemessenen Verhältnis zu den im Gesetz genannten drei *kumulativ* zu berücksichtigenden Kriterien stehen, wobei offen ist, ob dies - wie hier vorgeschlagen – gewichtet werden kann.

32 Vgl. auch §§ 3 ff. der Institutsvergütungsversordnung iVm. mit dem Kreditwesengesetz; § 3 Abs. 2 Versicherungsvergütungsverordnung iVm. dem Versicherungsaufsichtsgesetz.

33 Ebenso *Andelewski/Steinbring-May*, KrV 2014, S. 142, 146 ff.; nicht erörtert in BSG, B 1 A 1/17 R, ECLI:DE:BSG:2018:200318UB1A117R0 (Rn. 31 ff.).

© Springer Fachmedien Wiesbaden GmbH, ein Teil von Springer Nature 2019
C. Hilbrandt und K.-D. Henke, *Von der Beamtenbesoldung zum Vergütungskodex*,
https://doi.org/10.1007/978-3-658-26550-2_2

- Üblichkeit indiziert nicht Angemessenheit;[34]
- Angemessenheit bezieht sich auf das Verhältnis zum Aufgabenbereich, zur Größe und Bedeutung, nicht dagegen auf eine absolute Höhe (Ober- oder Untergrenze) der Gesamtbezüge;[35]
- bestimmte Bezifferungen können als unverbindliches Prüfraster (Orientierungshilfen) eine Berechtigung haben, als Konkretisierung sind sie aber schon methodisch verfehlt;[36]
- die Beurteilung der Angemessenheit ist eine Entscheidung des jeweiligen Einzelfalles unter Berücksichtigung des „Marktumfelds" (horizontaler Vergleich) und der nachgelagerten Ebenen im Unternehmen (vertikaler Vergleich).

Vereinfacht ausgedrückt bedeutet dies, dass es sich ein Verwaltungsrat nicht so einfach machen kann, indem er seine Entscheidungsfindung etwa darauf beschränkt, ein „übliches" Vorstandsgesamtgehalt zu zahlen. Stattdessen bedarf es detaillierter Überlegungen zu den einzelnen Vergütungsbestandteilen (d.h. insbesondere fixe und variable monetäre Bestandteile sowie diverse sog. nichtmonetäre Vergütungsbestandteile), bezogen auf das Verhältnis dieser Bestandteile zueinander und die Festlegung etwaiger sog. Caps (zu erreichender Maximalwerte). Soweit man sich dann im Rahmen dieser Überlegungen und Entscheidungsfindung an den Daten anderer Krankenkassen orientiert, ist dies ein geeignetes Hilfsmittel. Es ersetzt aber nicht die eigene Entscheidung, in welcher Art und Weise diese „üblichen" Daten auf die eigene Krankenkasse übertragbar sind, d.h. wo Übereinstimmungen und wo Abweichungen bestehen. In diese Entscheidungsfindung ist des Weiteren einzustellen, welcher Abstand der Vorstandsgesamtvergütung zur nächst höheren Führungsebene von dem Verwaltungsrat der jeweiligen Krankenkasse als angemessen angesehen wird, und dass der dann

---

34 *Hüffer/Koch*, AktG, 13. Aufl. 2018, § 87 Rn. 3 mwN.; *Kort*, in: GK-AktG, 5. Aufl. 2015, § 87 Rn. 81; *Mertens/Kahn*, in: Kölner Kommentar zum AktG, 3. Aufl. 2009, § 87 Rn. 16.
35 *Hüffer/Koch*, AktG, 13. Aufl. 2018, § 87 Rn. 5 mwN.; ders. in: Habersack/Bayer, Aktienrecht im Wandel, 2007, 7. Kapitel, Rn. 59 ff. ausführlich *Seibert*, FS Hüffer, 2010, S. 955, 957; wohl auch *Andelewski/Steinbring-May*, KrV 2014, S. 142, 143; a.A. *Gaßner/Scherer*, NZS 2015, S. 166, 172.
36 Vgl. vorangehende Fn.

festgelegte Abstand auch in den Folgejahren gewahrt bleibt bzw. sich nur in einem bestimmten Rahmen verändert.

Bei der inhaltlichen Konkretisierung des Angemessenheitsbegriffs sollte berücksichtigt werden, dass es sich um einen „gängigen" Rechtsbegriff handelt, der im Public Corporate Governance Kodex des Bundes bzw. der Länder, die auf Krankenkassen als (bundes- oder landesunmittelbare) Körperschaften des öffentlichen Rechts anwendbar sind, bereits vor Inkrafttreten des § 35a Abs. 6a SGB IV verwendet wurde[37] und in anderen vergleichbaren Regelungszusammenhängen zu finden ist (Deutscher Corporate Governance Kodex[38]; § 87 Abs. 1 AktG; §§ 5 ff. InstitutsVergV iVm. KWG; § 3 Abs. 2 VersVergV iVm. VAG). Allen gemein ist, dass es bei Bestimmung der Angemessenheit der Vergütungen und Vergütungssysteme nicht um (absolute) Ober- und Untergrenzen geht, sondern insbesondere um die Festsetzung in formalisierten, transparenten und nachvollziehbaren Prozessen; ferner z.B. um die Festlegung eines angemessenen Verhältnisses zwischen variabler und fixer Vergütung, um Bonus-Caps sowie Ausrichtung der Vergütungssysteme/-strategie auf die Unternehmensstrategie etc.[39] Darüber hinaus findet man im Deutschen Corporate Governance Kodex die Anforderung an die Unternehmen zur Abbildung (in Tabellenform) des Wertes der *gewährten* sowie *zugeflossenen* Zuwendungen für das Berichtsjahr.[40]

Anders als in § 35a Abs. 6a SGB IV findet sich in § 87 Abs. 1 Satz 1 AktG die (zusätzliche) Regelung, dass die Gesamtbezüge des einzelnen Vorstandsmitglieds die *übliche Vergütung* nicht ohne besondere Gründe übersteigen dürfen. Da der Gesetzgeber auf einen solchen Passus in § 35a Abs. 6a SGB IV verzichtet hat, könnte man daraus schließen, dass es auf das Kriterium der Üblichkeit überhaupt nicht ankommen soll. Und es deckt sich mit der Erkenntnis, die auch zu § 87 Abs. 1 AktG gewonnen wurde, nämlich dass Üblichkeit keine Angemessenheit indiziert. Dennoch wird ein Verwaltungsrat in der Praxis nicht umhin

---

37 Vgl. z.B. Ziff. 1.3 UAbs 4 u. Ziff. 4.3.1 PCGK des Bundes und Ziff. 1.2.1 b) u. Ziff. 3.4.1 PCGK des Landes NRW.

38 Ziff. 4.2 Deutscher Corporate Governance Kodex nebst Anlage (Mustertabellen 1 und 2), i.d.F. vom 05.05.2015 mit Beschlüssen aus der Plenarsitzung vom 05.05.2015.

39 *Hüffer*, AktG, 12. Aufl. 2016, § 87 Rn. 5 m.w.N.; *Kort*, in: GK-AktG, 5. Aufl. 2014, § 87 Rn. 42; *Mertens/Kahn*, in: Kölner Kommentar zum AktG, 3. Aufl. 2009, § 87 Rn. 7.

40 Vgl. Ziffer 4.2 des Deutschen Corporate Governance Kodex nebst Anlage (Mustertabellen 1 und 2), in der Fassung vom 05.05.2015 mit Beschlüssen aus der Plenarsitzung vom 05.05.2015.

kommen, in seine Entscheidungsfindung zur Angemessenheit der Vorstandsvergütung Vergleichswerte einzubeziehen.[41] Die Orientierung am Vergleichsumfeld
entspricht den Grundsätzen guter Unternehmensführung (auch) bei öffentlichen
Unternehmen, wie die Public Corporate Governance Kodizes zeigen; danach soll
die vom Verwaltungsrat festzulegende angemessene Vergütung insbesondere auf
Grundlage von Aufgaben und persönlicher Leistung des „Geschäftsleitungsmit-
glieds" und wirtschaftlicher Lage des Unternehmens bestimmt werden, und darf
ohne besondere Gründe über die übliche Vergütung nicht hinausgehen.[42] Solche
Vergleichswerte werden dann üblicherweise einerseits im sog. Horizontalver-
hältnis gebildet (d.h. hier im Vergleich zu den Vorstandsvergütungen anderer
öffentlich-rechtlicher Körperschaften), als auch im sog. Vertikalverhältnis (d.h.
unternehmensinternes Lohn- und Gehaltsgefüge).[43] Der Deutsche Corporate Governance Kodex spricht insofern von der Üblichkeit der Vergütung „unter
Berücksichtigung des Vergleichsumfelds und der Vergütungsstruktur, die ansonsten in der Gesellschaft gilt", wobei der (dortige) Aufsichtsrat das „Verhältnis
der Vorstandsvergütung zur Vergütung des oberen Führungskreises und der
Belegschaft insgesamt auch in der zeitlichen Entwicklung berücksichtigen" soll
und der Aufsichtsrat für diesen Vergleich festlegt, wie der obere Führungskreis
und die relevante Belegschaft abzugrenzen sind. Des Weiteren wird vertreten,
dass im „Konfliktfall" die horizontale Angemessenheit vorgehen soll[44] und die
Aufsichtsratsmitglieder bei der Festlegung Ermessensspielraum haben.[45]

   Auch ein Blick auf die sog. Institutsvergütungsverordnung (iVm. dem Kreditwesengesetz) verdeutlicht, dass es bei einer Bestimmung der Angemessenheit

---

41 So jetzt ausdrücklich BSG, B 1 A 1/17 R, ECLI:DE:BSG:2018:200318UB1A117R0 (Rn. 23).
42 Vgl. z.B. Ziff. 4.3.1 Public Corporate Governance Kodex des Bundes und Ziff. 3.4.1 Public
    Corporate Governance Kodex des Landes NRW.
43 *Hüffer/Koch*, Aktiengesetz, 13. Aufl. 2018, § 87 Rn. 3 m.w.N.; kritisch *Kort*, in: GK-AktG,
    5. Aufl. 2015, § 87 Rn. 81; *Seibt*, in: Schmidt/Lutter, 3. Aufl. 2015, § 87 Rn. 10a; Ziffer
    4.2.2 Deutscher Corporate Governance Kodex; vgl. auch Fraktionsbegründung zum VoAG in:
    BT-Ds. 16/12278, S. 5; das BSG, B 1 A 1/17 R, ECLI:DE:BSG:2018:200318UB1A117R0
    (Rn. 23) spricht zwar von der „[Anknüpfung an die] Spannbreite der Vergütungen", die „KKn
    vergleichbarer Größe für ihre Vorstände aufwenden", was indes indirekt den vertikalen Ver-
    gleich mit einschließen könnte.
44 *Bauer/Arnold*, AG 2009, 717, 720; *Fleischer*, NZG 2009, 801, 802; *Hoffmann-Becking/Krieger*,
    NZG 2009, Beilage zu Heft 26, Rn. 8.
45 *Hüffer/Koch*, Aktiengesetz, 13. Aufl. 2018, § 87 Rn. 3; *Mertens/Kahn*, in: Kölner Kommentar
    zum AktG, 3. Aufl. 2009, § 87 Rn. 4; *Seibt*, in: Schmidt/Lutter, 3. Aufl. 2015, § 87 Rn. 10.

der Vergütungen und Vergütungssysteme nicht um Ober- und Untergrenzen geht, sondern insbesondere um die Festsetzung in formalisierten, transparenten und nachvollziehbaren Prozessen; ferner um Festlegung eines angemessenen Verhältnisses zwischen variabler und fixer Vergütung, um Bonus-Caps sowie Ausrichtung der Vergütungssysteme/-strategie auf die Unternehmensstrategie etc. (vgl. dort §§ 5 ff.).

Wie sind die Angemessenheitskriterien zu verstehen, die § 35a Abs. 6a SGB IV nennt? Der Wortlaut und die Regelungstechnik legen zwar nahe, dass es sich dort um eine abschließende Aufzählung handelt.[46] Indes wird (auch) insofern vertreten, „[d]ies bedeutet nicht, dass andere, in der Person des Amtsinhabers liegende Gründe a limine aus der Rechtsfindung herausfallen, [...] sondern müssen an anderer Stelle in den Rechtsfindungsvorgang Eingang finden, etwa bei der Beurteilungsprärogative resp. dem ‚gehörigen Beurteilungsspielraum‘“.[47] Zu § 87 Abs. 1 AktG, der zwar im Detail andere Kriterien nennt, aber eine vergleichbare Regelungstechnik aufweist, wird von der dort herrschenden Meinung vertreten, dass es neben den vom Gesetzgeber genannten Merkmalen noch weitere (anerkannte) Beurteilungsgesichtspunkte gibt.[48] Daher wird eine solche Auslegung ebenfalls im Rahmen des § 35a Abs. 6a SGB IV angenommen.[49] Nach beiden Auffassungen kommt man demnach zum selben Ergebnis, nämlich dass auch weitere Kriterien wie z.B. der „Marktwert“ eines Vorstandskandidaten, „besondere Erfahrungen bzw. Leistungen, Qualifikation, Dauer der Zugehörigkeit“ zur Krankenkasse etc. bei der Beurteilung der Angemessenheit berücksichtigt werden können (und müssen).

Der *Aufgabenbereich bei gesetzlichen Krankenkassen* ergibt sich aus § 1 SGB V. Insofern erscheinen Differenzierungen zum Teil möglich, z.B. danach, ob die Krankenkasse regional oder bundesweit agiert (was sich beispielsweise in der Zahl der abzuschließenden Versorgungsverträge, d.h. mit einer oder

---

46 *Schnapp*, Rechtsgutachten, S. 18 ff.
47 *Schnapp*, Rechtsgutachten, S. 20 f.
48 *Hüffer/Koch*, AktG, 13. Aufl. 2018, § 87 Rn. 4 m.w.N.; *Kort*, in: GK-AktG, 5. Aufl. 2015, § 87 Rn. 52; *Mertens/Kahn*, in: Kölner Kommentar zum AktG, 3. Aufl. 2009, § 87 Rn. 14 f.
49 Vgl. z.B. *Andelewski/Steinbring-May*, KrV 2014, S. 142, 145; *Hilbrandt/Blankenburg*, Arbeitsrecht im Gesundheitswesen/Fachanwaltsfortbildung Dt. Anwaltsakademie, 07.11.2015, Skript S. 42, 53; a.A. Gaßner/Scherer, NZS 2015, S. 166, 172.

mehreren kassenärztlichen und kassenzahnärztlichen Vereinigungen, nieder-
schlägt). Und unter den Begriff des Aufgabenbereichs der Körperschaft kann
man als Unterfall fassen („subsumieren"): den *Aufgabenbereich des einzelnen
Vorstandsmitglieds*, die damit verbundene Verantwortung für die Größe des
eigenen Geschäftsbereichs, die Gesamtverantwortung, die damit korrespondie-
rende Vorstandshaftung und Vergleichbares. Die allgemeinen Auslegungsprinzi-
pien lassen eine solche Interpretation zu und der Sinn und Zweck der Vorschrift
legt dies nahe, insbesondere da es bei der Beurteilung/Entscheidungsfindung
über die Angemessenheit einer Vorstandsvergütung auch auf individuelle
Merkmale ankommt. Der Gesetzgeber hat dies also zwar nicht ausdrücklich
vorgesehen (anders als bei § 87 Abs. 1 AktG), schließt dies aber andererseits
auch nicht ausdrücklich aus und lässt eine solche Auslegung im Rahmen des
weiten Begriffsumfangs des Aufgabenbereichs der Körperschaft zu.

Des Weiteren kommt es auf die *Größe und Bedeutung der Körperschaft* an,
wobei insbesondere das Merkmal der *Mitgliederzahl zu berücksichtigen* ist (also
in die *Erwägung* einbezogen werden muss und nicht das einzige Beurteilungskri-
terium sein darf). Denn „berücksichtigen" bedeutet nicht so viel wie „beachten"
(Letzteres gemeint im Sinne eines Normbefehls), sondern ein Weniger in dem
Sinne, dass die Mitgliederzahl als ein Kriterium bei der Festlegung und Beurteilung einer angemessenen Vergütung in die gedankliche Bewertung mit einflie-
ßen muss, indes weder das einzige Kriterium ist („*insbesondere*"), noch die
Höhe bzw. Struktur der Vergütung maßgeblich in dem Sinne beeinflusst, dass
eine höhere Mitgliederzahl eine höhere Vergütung gebietet und umgekehrt. Das
Merkmal der Mitgliederzahl wird auch dann berücksichtigt, d.h. in die Erwägung
einbezogen, wenn der Verwaltungsrat aus sachlichen Gründen entscheidet, hiervon abzuweichen.[50] Beide Merkmale wird man insofern berücksichtigen müssen,
also dürfen sie bei Bewertung/Festlegung einer angemessenen Vergütung in den
Überlegungen des Verwaltungsrats nicht außer Betracht gelassen werden. Diese
beiden Merkmale geben jedoch weder eine bestimmte Rangfolge vor noch eine
bestimmte Höhe.

---

50 *Schnapp*, Rechtsgutachten, S. 50 m.w.N., u.a. unter Hinweis auf BSG, SozR 4-2500, § 116b
   Nr. 3 Rn. 64 aE.

Im Rahmen dieser Merkmale *Größe* und *Bedeutung* der Körperschaft ist es möglich und naheliegend, als Unterfälle individuelle Merkmale zu erfassen, nämlich den jeweiligen individuellen Anteil des einzelnen Vorstandsmitglieds an der Erfüllung dieser Merkmale, dessen Verantwortung, Haftungsumfang und Vergleichbares. Und im Rahmen dessen dann die weitere Unterscheidung, ob es sich um einen *Alleinvorstand* handelt oder einen aus *mehreren Personen bestehenden Vorstand* (dort dann wiederum: Verantwortungs-/Geschäftsbereich; „einfaches" Vorstandsmitglied; Vorstandsvorsitzender).

In die gleiche Richtung hat nunmehr das BSG entschieden.[51] Die im Gesetz genannten Kriterien zur Festlegung einer angemessenen Vorstandsvergütung interpretiert der 1. Senat, insbesondere unter dem Aspekt der Sinnhaftigkeit jedes einzelnen Kriteriums, dahingehend, dass maßgebend sind: (1) der *Aufgabenbereich des Vorstandsmitglieds*, (2) die *Größe des Vorstands* und (3) die *Bedeutung der Krankenkasse*, wie sie sich *insbesondere* aus deren *Versichertenzahl* ergibt. Die Vergütung muss danach im *angemessenen Verhältnis zu diesen drei kumulativ zu berücksichtigenden Kriterien* stehen. Konkret führt das BSG dazu aus:

1. Beim Bezug zum *Aufgabenbereich des jeweiligen Vorstandsmitglieds* kommt es auf das „Verhältnis der Vergütung zur Komplexität und weiteren qualitativen Anforderungen der dem jeweiligen Vorstandsmitglied zugeordneten Aufgaben" an. Damit werde ua das Ziel verfolgt, die „Akquise von qualifiziertem leistungsfähigem Vorstandspersonal" zu ermöglichen und „anspruchsvollere und/oder umfangreichere Aufgaben leistungsgerecht zu vergüten".

    a) Beim Kriterium *Größe* kommt es maßgeblich auf eine „Unterschreitung der gesetzlich zulässigen Höchstzahl der Vorstandsmitglieder (vgl. § 35a Abs. 4 S. 1 SGB IV) mit ihren Folgen für den Aufgabenumfang als weiteres qualitatives Kriterium" an.

    b) Das Kriterium *Bedeutung der Körperschaft* knüpft an die Zahl der Versicherten an.

---

51 BSG, B 1 A 1/17 R, ECLI:DE:BSG:2018:200318UB1A117R0 (Rn. 31-35 iVm Rn. 23).

Auf Basis des Rechtsverständnisses der hiesigen Autoren, d.h. etwa 2 ½ Jahre vor Entscheidung durch das BSG, wurden im Fragebogen als mögliche Kennziffern – im Rahmen der Merkmale *Größe* und *Bedeutung* – folgende Daten abgefragt (vgl. Teil 1 Informationen zur Krankenkasse):

- Mitgliederzahl;
- Versichertenzahl;
- Zahl der Beschäftigten;
- Zahl der Arbeitgeberkonten;
- Versicherte pro Mitarbeiter;
- Verwaltungskosten pro Versicherten;
- Leistungsausgaben pro Versicherten;

und in eine Verbindung mit der Vergütung der Vorstände, ihrer Stellvertreter und der Führungskräfte gebracht.

Des Weiteren wurde dort bedacht, dass der Begriff *Angemessenheit* in Abgrenzung zum allgemeinen Grundsatz der *Wirtschaftlichkeit und Sparsamkeit* (§ 69 Abs. 2 SGB IV) zu sehen ist. Dieser Grundsatz ist (nur) ein *Prinzip* (d.h. keine Regel, unter die der Jurist einfach „subsumieren" kann) und setzt eine Nutzen-Aufwands-Relation voraus, also ist nicht nur der Aufwand zu bestimmen, sondern auch der Nutzen, und beides muss in ein Verhältnis gesetzt werden.[52] Während der Aufwand bei Vorstandsvergütungen rechnerisch ermittelbar ist, gilt dies nicht für den *Nutzen* der Vorstandstätigkeit zugunsten der einzelnen Krankenkasse und den volkswirtschaftlichen Nutzen dieser Krankenkasse. Den Nutzen festzulegen im Hinblick auf die Tätigkeit des einzelnen Vorstandsmitglieds ist Teil der Entscheidungsfindung (Beurteilung) durch den Verwaltungsrat (zur Rolle der Aufsichtsbehörde in diesem Kontext vgl. Abschnitt 2.1.2). Diese Entscheidungsfindung zählt stets zum *Kernbestand der Selbstverwaltungsautonomie* – und es

---

52 *Schnapp*, Rechtsgutachten, S. 47 f., 50; im Ergebnis nunmehr ebenso BSG, B 1 A 1/17 R, E-CLI:DE:BSG:2018:200318UB1A117R0 (Rn. 24 u. 33), wonach das qualitative Element, einen „größtmöglichen Nutzen zu erreichen, nicht nur das Einsparen von Mitteln [beinhaltet]" und das Gehalt notwendig ist, welches „nach den Bedingungen des Marktes angeboten werden muss, um qualifiziertes Personal zu gewinnen und zu halten".

obliegt daher am Ende dem Verwaltungsrat, den *Nutzen* der einzelnen Krankenkasse durch die Tätigkeit des einzelnen Vorstandsmitgliedes zu bestimmen (d.h.
nicht der Aufsichtsbehörde).

Letztlich verbleibt also dem Verwaltungsrat zur Bestimmung der Angemessenheit ein „gehöriger Bewertungsspielraum" (sog. Einschätzungsprärogative),[53]
nämlich bei der konkreten Bestimmung des Verhältnisses der Vorstandsvergütung zum Aufgabenbereich des einzelnen Vorstandsmitglieds, zur Größe des
Vorstands und zur Bedeutung der einzelnen Krankenkasse, gemessen an ihrer
Versichertenzahl. Und dabei sollte stärker in den Fokus rücken, dass die Verwaltungsratsmitglieder maßgeblich aus den Reihen der Sozialpartner (Gewerkschaften und Arbeitgeberverbände) stammen[54], die über diese Personen ihren Sachverstand einbringen. Dies führt darüber hinaus zu einer (mittelbaren) Kontrolle
durch diese Sozialpartner. Ferner ist nunmehr durch den aufsichtsbehördlichen
Zustimmungsvorbehalt sichergestellt, dass die Aufsichtsbehörde vor verbindli-
cher Einigung zwischen Krankenkasse und Vorstandsmitglied hiervon Kenntnis
erhält und aktiv eingeschaltet wird, somit Transparenz und Nachvollziehbarkeit
hergestellt werden muss. Die Verbindlichkeit (Wirksamkeit) der Einigung der
Vertragsparteien hängt von der Zustimmung der Aufsichtsbehörde ab. Unange-
messenheit wäre demnach aufsichtsbehördlich festzustellen, wenn diese Entscheidungsfindung hinsichtlich der Vergütungsstrukturen nicht nachvollziehbar
ist und der Aufwand der Krankenkasse für das einzelne Vorstandsmitglied (bzw.
den Vorstand insgesamt) dasjenige finanzielle Volumen ohne sachlichen Grund
„deutlich überschreitet", das andere Krankenkassen für die Vergütung vergleichbarer Personen und Zwecke aufwenden.[55] Bei einem solchen „Marktvergleich"

---

53 So nunmehr ausdrücklich BSG, B 1 A 1/17 R, ECLI:DE:BSG.2018:200318UB1A117R0 (Rn. 16
   u. 18); s. dazu *Hilbrandt*, KrV 2018, 192 ff.; vgl. zum allgemeinen Grundsatz der Wirtschaftlichkeit und Sparsamkeit z.B.: BSG, 18.07.2006, B 1 A 2/05 R, BeckRS 2006, 43674;
   BSG, 28.06.2000, B 6 KA 64/98 R, BeckRS 2000, 41349; BSG, 09.12.1997, 1 RR 3/94, BeckRS
   1997, 30004380; siehe auch *Zimmermann/Henke/Broer*, Finanzwissenschaft – Eine Einführung
   in die Lehre von der öffentlichen Finanzwirtschaft, 11. Auflage, Vahlen, München 2012, S. 5
   und S. 88-94.
54 *Baier*, in: Krauskopf, Kommentar zum SGB IV, 90. EL. Dez. 2015, § 48a Rn. 4.
55 BSG, B 1 A 1/17 R, ECLI:DE:BSG:2018:200318UB1A117R0 (Rn. 25 a.E.): „Lediglich eindeu-
   tige Grenzüberschreitungen" dürfen als rechtswidrig beanstandet werden; vgl. zu den entsprechenden Grundsätzen zum allgemeinen Grundsatz der Wirtschaftlichkeit und Sparsamkeit die
   Rechtsprechungs-Nachweise in der Fußnote 52.

sind sämtliche Vergütungskomponenten vergleichbarer Personen in die Betrachtung einzubeziehen[56] (vgl. dazu näher nachfolgend in diesem Abschnitt 2. unter 2.2.1), um überhaupt feststellen zu können, ob ein deutliches Überschreiten vorliegt, und um dann – in einem zweiten Schritt – dieses deutliche Überschreiten gegen die jeweiligen sachlichen Gründe im konkreten Einzelfall abzuwägen.

2.1.2 Aufsichtsbehördliche Beratung vs. externe Vergütungsberatung im Rahmen der Selbstverwaltungsautonomie

Eine weitere Frage ist, ob eine externe Vergütungsberatung bei Festlegung einer angemessenen Vorstandsvergütung etwa dadurch entbehrlich wird, dass die Aufsichtsbehörde bei Ausübung ihres Zustimmungsvorbehalts den Verwaltungsrat entsprechend beraten kann. Soweit in § 89 Abs. 1 SGB IV die *Beratung* als Aufsichtsmittel festgelegt wird, d.h. die Aufsichtsbehörde zunächst beratend darauf hinwirken soll, dass der Versicherungsträger (hier: die Krankenkasse) die Rechtsverletzung behebt, setzt dies eine entsprechende Rechtsverletzung durch das Handeln oder Unterlassen eines Versicherungsträgers voraus.[57] Es handelt sich um ein Aufsichtsmittel der sog. repressiven Aufsicht, mit dem Ziel der nachträglichen Wiederherstellung eines rechtmäßigen Zustandes. Folglich scheidet dieses Aufsichtsmittel der Beratung aus, wenn es – wie beim Zustimmungsvorbehalt des § 35a Abs. 6a SGB IV – um sog. präventive Aufsichtsmittel geht, da diese eine eigenständige Form der Aufsicht darstellen.[58] Daher scheidet eine formelle Beratung des Verwaltungsrats durch die Aufsichtsbehörde aus. Und auch im informellen Sinne kann die Aufsichtsbehörde den Verwaltungsrat nicht beraten, wie sich aus einer funktionsbezogenen Betrachtung ergibt. Denn die Aufsichtsbehörde ist im Rahmen des Zustimmungsvorbehalts des § 35a Abs. 6a SGB IV ein „Gegenspieler" zur Krankenkasse und ihrem Verwaltungsrat. Bei der Festlegung angemessener Vergütungsstrukturen und -höhen übt der

---

56 So jetzt ausdrücklich auch BSG, B 1 A 1/17 R, ECLI:DE:BSG:2018:200318UB1A117R0 (Rn. 23 ff.).
57 *Baier,* in: Krauskopf, Kommentar zum SGB IV, 99. EL, Juni 2018, § 89 SGB Rn. 5.
58 *Schütte-Geffers,* in: Kreikebohm, SGB IV, 2. Auflage 2014, § 89 Rn. 3.

Verwaltungsrat einen Kernbestandteil der Selbstverwaltungsautonomie aus; insofern hat die Aufsicht Kontrollfunktion. Auf beiden Seiten kann die Aufsicht hier nicht stehen. Erst wenn der Verwaltungsrat sein selbstautonomes Handeln ausgeübt hat, d.h. die Unternehmensstrategie bestimmt und damit im Einklang stehend die Vergütungsstruktur festgelegt hat, kommt die Aufsicht ins Spiel, die dann die Übereinstimmung dieser Entscheidung mit geltendem Recht prüft, unter Beachtung der Einschätzungsprärogative des Verwaltungsrats. Keinesfalls kann also die Aufsichtsbehörde den Verwaltungsrat der Krankenkasse beraten hinsichtlich der Weite und den Varianten einer sachgerechten Ausübung dieses Kernbestandteils der Selbstverwaltungsautonomie. Dies wird häufig eine externe Vergütungsberatung erfordern. Indes heißt dies nicht, dass sich der Verwaltungsrat nicht vorher mit der Aufsicht zur Klärung umstrittener Themen ins Benehmen setzen könnte.

2.1.3   Angemessenheit im Sinne von „Üblichkeit"

2.1.3.1   Erkenntnisstand im Zeitpunkt der Datenerhebung 2015/2016

Arbeitspapier der Aufsichtsbehörden der Sozialversicherungsträger

Das „Arbeitspapier der Aufsichtsbehörden der Sozialversicherungsträger Vorstands- und Geschäftsführervergütungen im Bereich der gesetzlichen Krankenkassen" bot mit seinen Grafiken nur Anhaltspunkte für die Bandbreite der gezahlten *Grund*vergütungen – nicht mehr und nicht weniger. Soweit das BVA und die anderen Aufsichtsbehörden der Sozialversicherungsträger aus einem Vergleich dieser sog. Grundvergütungen mit der Versichertenzahl Schlussfolgerungen auf eine zulässige (angemessene) Gesamtvergütungshöhe gezogen haben (zusätzlich unter Rückgriff auf die Einschätzungsprärogative des Verwaltungsrats, die offensichtlich in diesem Kontext fehl am Platze ist), ist dieses Vorgehen methodisch nicht überzeugend und kommt daher auch nicht zu vertretbaren Ergebnissen. Stattdessen müsste dies dann durch einen Vergleich der tatsächlichen Vergütungsstrukturen und der einzelnen Vergütungsbestandteile erfolgen, und zwar sowohl in einem horizontalen als auch vertikalen Vergleich. Und man müsste in einem offenen, transparenten und wissenschaftlich anerkannten Diskurs geeignete Bewertungsmaßstäbe entwickeln, um die diversen Vergütungsbestandteile neben der fixen und variablen Vergütung einheitlich (und nur damit: vergleichbar) zu erfassen. Auf Basis der dann ermittelten Daten und Bandbreiten wäre – zusätzlich – die Einschätzungsprärogative des Verwaltungsrats zu berücksichtigen, d.h. dessen auf informierter Grundlage zu treffende, transparente und damit nachvollziehbare finale Festlegung der Gesamtvergütung, sei es innerhalb oder auch außerhalb (oberhalb wie unterhalb) dieser Bandbreiten. Nur wenn (i) dieses Prozedere *nicht* eingehalten wird und (ii) der Aufwand der Krankenkasse für den Vorstand dasjenige finanzielle Volumen *ohne sachlichen Grund „deutlich überschreitet"*, das andere Krankenkassen für die Vergütung vergleichbarer Personen und Zwecke aufwenden, wäre aus Sicht der Aufsichtsbehörde ein Verstoß gegen den Angemessenheitsgrundsatz der Vorstandsvergütung feststellbar.[59] Und damit die beantragte Zustimmung zu verweigern.

Kienbaum-Gutachten

Im Gutachten der Kienbaum Management Consultants GmbH vom 22. Oktober 2014 wurde erstmalig versucht, mehr Transparenz in die Vergütungsstrukturen der Vorstände der gesetzlichen Krankenversicherungen zu bringen. Anhand eines Marktvergleichs wurden erste Hinweise auf zukünftige Gestaltungsmöglichkeiten der Vorstandsvergütung gegeben. Beispielhaft wurden Cluster nach Beschäftigtenzahlen gebildet, unterteilt in ein unteres Quartil, den Median und ein oberes Quartil, und ein horizontaler sowie vertikaler Vergleich angestellt, bezogen auf die Jahresgrund- und Jahresgesamtvergütungen in einem sog. „Vergleichsmarkt" wie auch innerhalb des GKV-Bereichs, allerdings ohne Berücksichtigung von Zusatzleistungen wie betrieblicher Altersversorgung etc. Ferner wurde angenommen, bei Vorstandsvorsitzenden bzw. Alleinvorständen seien Aufschläge aufgrund des erweiterten Aufgabenspektrums und der Repräsentanzfunktion zu berücksichtigen, im Durchschnitt von knapp 29 % und im Median

---

59 Letzteres (ii) in Anlehnung z.B. an BSG, 18.07.2006, B 1 A 2/05 R, BeckRS 2006, 43674; BSG, 28.06.2000, B 6 KA 64/98 R, BeckRS 2000, 41349; BSG, 09.12.1997, 1 RR 3/94, BeckRS 1997, 30004380 (dort jeweils zur Beurteilung der Wirtschaftlichkeit/Sparsamkeit von Vorstandsvergütungen vor Inkrafttreten des Abs. 6a zu § 35a SGB IV).

von 18 %. Im Hinblick auf die künftige Gestaltung der Vorstandsbezüge wurden Markt-, Funktions- und Leistungsgerechtigkeit sowie Vergleichbarkeit, Flexibilität, Transparenz und Wirtschaftlichkeit als Kriterien genannt. Auf der Grundlage von sog. Vergütungsbändern wurden unter Berücksichtigung der Wettbewerbssituation und Ertragslage einer Krankenkasse Hinweise erteilt, um den Verwaltungsräten ihre Einschätzung der Leitungskräfte und ihrer leistungsgerechten Vergütung zu ermöglichen. Beim horizontalen Vergleich wurde indes lediglich die Beschäftigtenzahl (in Form verschiedener Cluster) zugrunde gelegt, nicht dagegen zumindest auch die im Gesetz insbesondere genannte, zu *berücksichtigende* Mitgliederzahl (bzw. als deren aussagekräftigeren Pendant die Versichertenzahl).

2.1.3.2 Methodik, Ziel und Aussagekraft der Datenerhebung (Fragebögen)

Der in 2016 erstellte Abschlussbericht ging einen anderen Weg. Auf der Grundlage dienstvertrags- und sozialrechtlicher Überlegungen zur Angemessenheit von Vorstandsvergütungen sowie einer gesundheitsökonomischen Einschätzung der gegenwärtigen und zukünftigen Managementfunktionen der Vorstände im Kontext der sich ändernden gesundheitspolitischen Rahmenbedingungen wurde die komplexe Vergütungsthematik mit Hilfe eines Fragenbogens und seiner Beantwortung transparenter gemacht. Durch eine solche Datenerhebung sollte eine erste empirische Grundlage geschaffen, um den Entscheidungsträgern der Selbstverwaltung ebenso wie den Aufsichtsbehörden die Beurteilung zu erleichtern, welche Gesamtvergütungsstrukturen mit ihren jeweiligen Bestandteilen bei Krankenkassen-Vorständen üblich sind. Auf einer derartigen am Status Quo orientierten Datengrundlage lässt sich zwar unmittelbar keine Aussage über die Angemessenheit der Vorstandsvergütung im konkreten Einzelfall gemäß § 35a Abs. 6a SGB IV treffen; aber es dient der *Orientierung als unverbindliches Prüfraster,* um Kenntnis darüber zu haben, ob man deutlich vom „Marktniveau" abweicht (in horizontaler wie vertikaler Hinsicht). Dies kann der Verwaltungsrat dann bei seiner Entscheidungsfindung über die sachliche Berechtigung der für die eigene Krankenkasse geltenden Vergütungsstrukturen/und -höhen berücksichtigen (inkl. etwaiger sachlicher Gründe für Abweichungen).

Ziel dieser Datenerhebung und -auswertung war und ist es daher insbesondere, einen Erkenntnisprozess in Gang zu setzen, um

- den Verwaltungsräten mehr Sicherheit in ihren Entscheidungen zu geben,
- die Transparenz und Objektivität der Daten zu verbessern,
- marktfähige Strukturen anstelle einer „Zementierung des Status Quo" zu ermöglichen und
- die Krankenkassen als zum Teil mittelständische und im Wettbewerb stehende Unternehmen in ihrem Management und ihrer Autonomie zu stärken.

Der achtseitige Fragebogen (siehe **Anhang 8**), der gemeinsam mit Vorständen und einigen Versicherungsmathematikern besprochen und erarbeitet wurde, enthält die Abschnitte A) Informationen zur Krankenkasse (Fragen 1-8), B) Informationen zur Vorstandstätigkeit (Fragen 9-17d), C) Informationen zur Vorstandsvergütung (Fragen 18-21d) und D) Informationen zur unmittelbar nachgeordneten Führungsebene (Fragen 22a/b-23a-c) mit weiteren Unterfragen.

Der Fragebogen ging an alle Vorstandsmitglieder der gesetzlichen Krankenkassen. Alle Antworten bzw. Daten wurden pseudonymisiert erhoben, d.h. weder den Auftraggebern noch Dritten wird es möglich sein, einen persönlichen Bezug zu den Daten herzustellen. Sie wurden wissenschaftlich analysiert, aufbereitet und im rechtlichen und ökonomischen Kontext interpretiert.[60] Eine Rücklaufquote von weit über einem Drittel (38,5 %) ist ungewöhnlich hoch, so dass die empirische Grundlage für die untersuchte Thematik sehr gut ist. Wie bei allen Umfragen ergeben sich auch im vorliegenden Fall Unsicherheiten bei der Richtig- und Genauigkeit der Antworten. Der Zeitraum der Beantwortung war großzügig gewählt, so dass die Fragebögen nicht in Hast und Eile ausgefüllt werden mussten. Es überrascht die hohe Beteiligung auch deshalb, weil es sich bei dem Gegenstand der statistischen Erhebung um einen sehr sensiblen Bereich handelt. Umso deutlicher wird aber auch, dass es Unsicherheiten gibt und Klärungsbedarf besteht. Weitere Auswertungen und Analysen sind erforderlich, insbesondere im Bereich der Altersversorgungszusagen.

---

60   50 Fragebögen liegen den vorliegenden Tabellen und Auswertungen zugrunde. Die Differenz zu den eingegangenen 60 Fragebögen liegt darin begründet, dass es sich um weitere 10 Vorstände handelt, die bei denselben Krankenkassen beschäftigt sind wie die anderen 50 Vorstände. Daher lassen sie sich nicht einfach in die vorliegenden Berechnungen aufaddieren, weil es dann bei allen anderen Kennziffern zu Doppelzählungen kommen würde.

Die Antworten mit ihrer Informationsfülle und -vielfalt wurden mit Hilfe der statistischen Werkzeuge aus der deskriptiven Statistik (Rangskalen, arithmetisches Mittel [Mittelwerte], Streudiagramme, Punktwolken, Trendlinien, Tabellen und Abbildungen) analysiert und, wo möglich, zahlenmäßig in Form von Tabellen und Grafiken zusammengefasst. Die dokumentierten Ergebnisse sollen u.a. dazu beitragen, „vorher nicht vermutete Zusammenhänge überhaupt erst ans Tageslicht zu befördern" (*W. Krämer*). Insofern ist die aufwändige Auswertung des Fragebogens mit der gewählten Form der Dokumentation der Ergebnisse noch lange nicht abgeschlossen.

2.1.4 Aussagekraft und Funktion von Trendlinien

Da den Trendlinien in dem aktuellen Diskurs über Höhe und Struktur der Vorstandsgesamtvergütungen zwischen BVA und den übrigen Aufsichtsbehörden einerseits sowie den Verwaltungsräten und Vorständen andererseits eine besondere Rolle zukommt und sie bei der folgenden Auswertung der Datenerhebung mit herangezogen wurden, ist schon vorab darauf hinzuweisen, dass sich im Anhang vier Abbildungen befinden, die das BVA seinem Schreiben vom 30. März 2016 beigefügt hat sowie der neuen sog. allgemeinen Verwaltungsvorschrift der Aufsichtsbehörden (Stand: 14.11.2018). Die Grafiken stellen einen Zusammenhang zwischen der Größe der Krankenkassen (dort nur gemessen an der Versichertenzahl) und der sog. Grundvergütung des 1. Vorstandes gemäß BAnz 2015, Bund und Länder her (so das frühere sog. Arbeitspapier) bzw. seit Mitte Dezember zur sog. Gesamtvergütung (wobei keine Transparenz hinsichtlich der Datengrundlage hergestellt wird, d.h. hinsichtlich der einzelnen einbezogenen Vergütungsbestandteile). Eine Kausalität zwischen der Höhe der Vergütung und der Anzahl der zu versichernden Personen lässt sich mit Hilfe dieser Trendlinien allerdings nicht ableiten. Basierend auf der Methode der kleinsten Quadrate wird die Linie so angepasst, dass die Entfernung der Datenpunkte von der Linie möglichst klein ist. Es wird sich bei der statistischen Analyse unserer Daten zeigen, ob überhaupt und ggfs. welche Rolle derartige Trendlinien spielen (können) (vgl. Abschnitt 2. 2. 1. am Ende). Jedenfalls lässt sich auf Basis der rechtswissenschaftlichen Erkenntnisse zu den Grundprinzipien des Angemessenheitsbegriffs (siehe oben Abschnitt 2.1.1.) bereits an dieser Stelle festhalten, dass Trendlinien keine unmittelbare Aussage bzw. Schlussfolgerung zulassen, Vorstandsvergütungen innerhalb einer solchen Trendlinie seien angemessen bzw. ober- oder unterhalb solcher Trendlinie unangemessen.

2.2 Auswertung der Datenerhebung

2.2.1 Informationen zur Krankenkasse anhand von diversen Kennziffern und zu monetären Bestandteilen der Vorstandsgesamtvergütung

Durch die Befragung aller Vorstandsmitglieder gesetzlicher Krankenkassen sind viele Daten und Informationen erstmalig erhoben worden, und es galt nun, die große Anzahl und Vielfalt der Antworten aufzuarbeiten, zu sortieren und aussagekräftig im Kontext der Beauftragung darzustellen.

Der erste Teil der Umfrage bezog sich auf die bereits genannten generellen Informationen, die in einem ersten Schritt mit sieben Fragen ermittelt wurden. So wurde die Zahl der Mitglieder, der Versicherten, der Beschäftigen, der Arbeitgeber-Konten, der Versicherten pro Mitarbeiter, der Verwaltungskosten pro Versicherten sowie die Höhe der Leistungsausgaben pro Versicherten ermittelt. Diese Daten liegen für alle Vorstände bzw. Krankenkassen, die sich an der Umfrage beteiligt haben, nunmehr vor.

Für alle Krankenkassen wurden zunächst für diese sieben Kennziffern jeweils die Minimal- und Maximalwerte, also die beiden Extremwerte, entnommen und die arithmetischen Mittel berechnet. Es wurden also die verschiedenen noch unsortierten Zahlen der Kennziffern der Krankenkassen, deren Durchschnitt errechnet wird, aufsummiert und durch die Anzahl der Werte geteilt. Diese drei Werte sind der Tabelle 1a für sieben Kennziffern zu entnehmen.

Es zeigt sich eine erhebliche Bandbreite der Werte bei der Mitgliederzahl (2.260 zu 777.800), bei der Versichertenzahl (2.962 zu 1.079.058) und bei der Beschäftigtenzahl (6 zu 1.742).

Tab. 1a: Grundinformationen aus 50 Fragebögen, 2015 (Stand 11.04.2016)

	Mitglieder	Versicherte	Beschäftigte	AG-Konten	Versicherte pro Mitarbeiter	Verwaltungskosten pro Versicherten	Leistungsausgaben pro Versicherten
Minimalwert	2 260	2 962	6	870	410	79	1 561
Ø Mitteltelwert	129 052	174 148	292	35 762	681	136	2 392
Maxiximalmalwert	777 800	1 079 058	1 742	225 773	1 155	242	3 453

Die anderen vier Kennziffern betreffen die Unterschiede bei den AG-Konten (870 zu 225.773), die Unterschiede bei der Anzahl der Versicherten pro Mitarbeiter (410 zu 1.155), den Verwaltungskosten pro Versicherten (79 zu 242) und den Leistungsausgaben pro Versicherten (1.561 zu 3.453).

In der Tabelle 1b stehen mit den Angaben zum Festgehalt, zur variablen Vergütung, zur monetären Gesamtvergütung des Vorstands, zur Gesamtvergütung der Stellvertreter bzw. Führungskräfte und zur Anzahl der Führungskräfte sechs weitere Kennziffern zur Verfügung. Das abgefragte Festgehalt des Vorstands umfasst die jährlich fest vereinbarten und zugeflossenen Zahlungen an das Vorstandsmitglied inkl. Mindest-Tantieme, Urlaubs-/Weihnachtsgeld, feste Sonderzahlungen, vermögenswerte Leistungen etc. Bei der variablen Vergütung ist nach Boni und Tantiemen gefragt worden. Die monetäre Gesamtvergütung setzt sich aus den Bestandteilen des Festgehalts und der variablen Vergütung zusammen. Die jährliche Gesamtvergütung der Stellvertreter und der Führungskräfte umfasst die jährliche Gesamtvergütung inkl. variabler Vergütung, entgeltwerter Vorteile/Dienstwagen etc. gemäß der Fragen 22a und 23b.

Tab. 1b: Grundinformationen aus 50 Fragebögen, 2015 (Stand 11.04.2016)

	Fest-gehalt*	Variable Vergü-tung**	monetäre Gesamt-vergütung	Füh-rungs-kräfte	Stellvertre-ter/Gesamt-vergü-tung***	Gesamtver-gütung Führungs-kraft****
Mini-malwert	81 180	0	91 738	0	0	34 168
Ø Mit-telwert	127 934	16 071	144 005	5	90 188	91 697
Maxi-malwert	205 658	70 000	259 972	19	149 890	181 934

* Zahlungen/Festgehalt pro Jahr inkl. Mindest-Tantieme, Urlaubs-/Weihnachtsgeld, feste Sonderzah-lungen, vermögenswerte Leistungen etc. (Vorstand)
** z.B. Boni, Tantieme etc. (Vorstand)
*** jährliche Gesamtvergütung inkl. Variabler Vergütung, entgeltwerter Vorteil/Dienstwagen (Stell-vertreter)
**** jährliche Gesamtvergütung inkl. Variabler Vergütung, entgeltwerter Vorteil/Dienstwagen (Führungskraft)

Auch hier sind für alle Krankenkassen die Minimal- und Maximalwerte den Fragebögen entnommen und die jeweiligen Durchschnittswerte ermittelt worden. Altersversorgungszusagen finden hier noch keine Berücksichtigung. Die Bandbreite zwischen den Minimal- und Maximalwerten fallen auf; sie lassen sich vielleicht auf kassenindividuelle Besonderheiten zurückführen. Der eine oder andere Mittelwert wird als *Orientierung* bei der Beurteilung der Gesamtvergütung herangezogen werden können, z.B. beim vertikalen (unternehmensinternen) Vergleich zwischen der monetären Gesamtvergütung der Vorstände (EUR 144.005,00) auf der einen Seite mit der Vergütung der Stellvertreter (EUR 90.188,00) und der Führungskräfte (EUR 91.697,00) auf der anderen Seite. Es zeigt sich, dass die Stellvertreter und Führungskräfte mit ihrer Vergütung nahezu gleichauf liegen, und der Abstand zur monetären Gesamtvergütung des Vorstands etwas über EUR 50.000,00 beträgt.

Um die beiden Extremwerte statistisch zu neutralisieren, wurden in einem zweiten Analyseschritt alle erhobenen Werte (die Grundgesamtheit) in Rangskalen überführt. Um die Aussagekraft der Daten zu erhöhen, lassen sich die 13 in den Tabellen 1a/b verwendeten und in 2a/b ebenfalls zu verwendenden

Tab. 2a: Grundinformationen aus 50 Fragebögen, 2015 (Stand 11.04.2016)

	Mit-glieder	Versi-cherte	Beschäf-tigte	AG-Kon-ten	Versi-cherte pro Mitar-beiter	Verwal-tungskos-ten pro Versi-cherten	Leistungs-ausgaben pro Versi-cherten
Ø Mittel-tel-wert Grup-pe I	12 396	16 727	26	3 826	549	111	1 983
Ø Mittel-tel-wert Grup-pe II	39 255	53 591	81	15 409	654	136	2 326
Ø Mittel-tel-wert Grup-pe III	330 224	445 034	757	89 408	843	162	2 872

Kennziffern jeweils skalieren. Anhand dieser Ranglisten lässt sich die Gesamt-zahl der Vorstände und ihrer Krankenkassen mit all den Kennziffern jeweils in unterschiedlichen Gruppierungen unterteilen. Im Folgenden ist eine Dreiteilung und eine Fünfteilung der Ranglisten gewählt worden.

Bei der Dreiteilung ergeben sich in der Tabelle 2a und 2b eine untere Grup-pe I mit den niedrigen Werten, eine mittlere Gruppe II mit mittleren Werten und eine obere Gruppe III mit den höheren Werten.

Tabelle 2a enthält also die gleichen sieben Kennziffern wie die Tabelle 1a mit dem einzigen Unterschied, dass sich hier die Werte jeweils aus dem Durch-schnitt innerhalb der drei gebildeten Gruppen ergeben. Bei der Drittelung zeigen sich also für jede der drei Gruppen die jeweiligen Durchschnitte (Mittelwerte) im unteren, mittleren und oberen Bereich der sieben verschiedenen Ranglisten.

Alle drei Gruppen zeigen die Streubreite bei den jeweiligen Kennziffern. Die Bandbreite zeigt sich, wenn man z.B. einen Blick auf die Mitgliederzahlen (12.396 zu 330.224) oder auf die Versichertenzahlen (16.727 zu 445.034) wirft.

Auch für die Beschäftigtenzahl (26 zu 757) und die Anzahl der Arbeitgeber-Konten (3.826 zu 89.408) ergeben sich noch hohe Bandbreiten. Die Anzahl der Versicherten pro Mitarbeiter (549 zu 843) und die Verwaltungskosten pro Versicherten (111 zu 162) liegen näher beieinander, bei den Leistungsausgaben (1.983 zu 2.872) ebenfalls. Diese drei nahe beieinanderliegenden Abfrageergebnisse können sicherlich seitens der Verwaltungsräte mit den Vorständen ihrer Krankenkassen näher interpretiert werden.

Diese Mittelwerte der Kennziffern in der Gruppe II sollen als eine grobe Orientierung helfen, Überlegungen zur Bestimmung der Angemessenheit der Vergütung anzustoßen bzw. zu fördern, wenn in der Tabelle 2b genau wie in der Tabelle 1b die Gesamtvergütung in Verbindung mit diesen Kennziffern in den Blick genommen bzw. als Bezugsgröße gewählt wird. Dort (Tabelle 2b) zeigt sich die Streuung der durchschnittlichen Festgehälter (EUR 99.980,00 zu EUR 159.165,00), der durchschnittlichen variablen Vergütung (0 zu EUR 38.322,00) und der durchschnittlichen monetären Gesamtvergütung (EUR 105.300,00 zu EUR 190.207,00). Durch die vorgenommene Drittelung reduzieren sich erwartungsgemäß die Bandbreiten zwischen den niedrigen (Gruppe I) und höheren Werten (Gruppe III) im Vergleich zu den Minimal- und Maximalwerten in der Tabelle 1b.

Bei der niedrigen, mittleren und oberen Gruppe können auch zwischen den Vorständen, ihren Stellvertretern und den Führungskräften Vergleiche vorgenommen werden (sog. Vertikalvergleich). Es zeigt sich, dass die Vergütungssituation zwischen den Stellvertretern und den Führungskräften in den Gruppen I bis III wenige Unterschiede aufweist (also etwa EUR 59.000 zu EUR 64.000; EUR 90.000 zu EUR 89.000 und EUR 122.000 zu EUR 122.000). Im Vergleich dieser Größenordnungen lässt sich in der Tabelle 2b also der Abstand in der vertikalen (unternehmensinternen) Vergütungsstruktur der Krankenkassen erkennen und bei der Beurteilung von Vergütungsfragen heranziehen. Während die Vergütungen der Stellvertreter und der Führungskräfte im Jahr 2015 nicht allzu weit auseinander liegen (in der Gruppe III nahezu identisch), zeigen sich erhebliche und erwartete Unterschiede zwischen der monetären Gesamtvergütung der Vorstände (siehe Gruppen I bis III) und ihrer Stellvertreter (in den gleichen Gruppen); im unteren Bereich liegt der Unterschied bei fast EUR 50.000 und im oberen Bereich bei rund EUR 70.000. Inwieweit sich aus den Zahlen eine Angemessenheit ableiten lässt, hängt von den unterschiedlichen Aufgaben und Ver-

Tab. 2b: Grundinformationen aus 50 Fragebögen, 2015 (Stand 11.04.2016)

	Festgehalt*	Variable Vergütung**	monetäre Gesamtvergütung	Führungskräfte	Stellvertreter/Gesamtvergütung***	Führungskräfte/Gesamtvergütung****
Ø Mittel telwert Gruppe I	99 980	0	105 300	2	58 553	63 857 (1-74)
Ø Mittel telwert Gruppe II	124 850	10 255	136 950	4	90 321	89 331 (75-148)
Ø Mittel telwert Gruppe III	159 165	38 322	190 207	9	121 698	121 903 (149-222)

* Zahlungen/Festgehalt pro Jahr (inkl. Mindest-Tantieme, Urlaubs-/Weihnachtsgeld, feste Sonderzahlungen, vermögenswerte Leistungen etc.)
** z.B. Boni, Tantieme etc.
*** jährliche Gesamtvergütung inkl. Variabler Vergütung, entgeltwerter Vorteil/Dienstwagen
**** jährliche Gesamtvergütung inkl. Variabler Vergütung, entgeltwerter Vorteil/Dienstwagen

antwortlichkeiten der Vorstände ab, aber auch von anderen Einflüssen (siehe dazu Abschnitt 2.1.1).

Die Gruppierung aller Krankenkassen in drei Gruppen befreit die Zahlenwerte zu den Kennziffern von Ihren Maximal- und Minimalwerten und dient der Hypothesenbildung bei der Bestimmung der Angemessenheit der Gesamtvergütung, die durch die folgende Tabelle 3a noch weiter erleichtert werden soll.

Dort wird zusätzlich zu der dargestellten Drittelung eine Fünftelung der Rangskalen aller Kennziffern vorgenommen. Es gibt also fünf Gruppen mit ihren jeweiligen Durchschnitten bzw. Mittelwerten und einer damit verbundenen größeren Spreizung der Werte im Vergleich zur Drittelung.

Tab. 3a: Grundinformationen aus 50 Fragebögen, 2015 Stand 11.04.2016

	Mitglieder	Versicherte	Beschäftigte	AG-Konten	Versicherte pro Mitarbeiter	Verwaltungskosten pro Versicherten	Leistungstungsausgaben pro Versicherten
Ø Mittelwert Gruppe I	9 690	12 753	19	2 449	527	106	1 883
Ø Mittelwert Gruppe II	17 729	24 517	40	6 729	595	124	2 179
	Mitglieder	Versicherte	Beschäftigte	AG-Konten	Versicherte pro Mitarbeiter	Verwaltungskosten pro Versicherten	Leistungstungsausgaben pro Versicherten
Ø Mittelwert Gruppe III	37 343	51 376	77	13 215	649	137	2 322
Ø Mittelwert Gruppe IV	102 986	138 048	255	44 387	741	146	2 541
Ø Mittelwert Gruppe V	477 514	644 045	1 070	114 533	892	171	3 029

Bei einem beispielhaften Blick auf die Gruppen II, III und IV zeigt sich, dass sich in diesem mittleren Bereich des 2., 3. und 4. Fünftels zwischen 17.729 und 102.986 Mitglieder, zwischen 24.517 und 138.048 Versicherte und zwischen 40 und 255 Beschäftigte befinden.

Ohne auf die weiteren Zahlen (Arbeitgeber-Konten, Versicherte pro Mitarbeiter, Verwaltungskosten pro Versicherten und Leistungsausgaben pro Versicherten) mit ihren jeweiligen vertikalen Abständen zwischen den unterschiedlichen Gruppen II, III und IV einzugehen, sei zusätzlich ein Blick auf die gleiche Tabelle geworfen, verbunden mit den Vergütungen (Tabelle 3b). Dort spiegeln die Zahlen aus den Gruppen II, III und IV einen Kernbereich wider, und bei der monetären Gesamtvergütung lässt sich beispielsweise zwischen EUR 116.005 und EUR 159.137 eine Bandbreite von gut EUR 40.000 feststellen. Für die Bestandteile (Festgehalt und variable Vergütung) lässt sich die gleiche Relation über die drei mittleren Fünftel feststellen.

Auch für die „vertikale" Vergütungsstruktur lassen sich die Zahlen verwenden, also z.B. für das Verhältnis der Gesamtvergütung des Vorstands zu seinem Stellvertreter. Dort zeigt sich, dass die Abstände mit den höheren Gruppen deutlich zunehmen, in der Gruppe V z.B. mit einer Differenz von über EUR 75.000 und in der Gruppe IV in Höhe von rund EUR 52.000.

In einer weiteren Auswertung lassen sich die Zahlen aus der Tabelle 3b innerhalb der drei inneren Fünftel, also der Gruppen II bis IV, auch mit den Kennziffern und Zahlen der Tabelle 3a zusammenführen, und z.B. mit der Anzahl der Versicherten mit einer Bandbreite im gleichen Bereich zwischen EUR 24.517 und EUR 138.048 (Tabelle 3a) gegenüberstellen. Diese Art von Auswertungen, die den Grafiken des Arbeitspapiers der Aufsichtsbehörden zugrunde liegen, führen zur weiteren Orientierung bei der Diskussion um die Angemessenheit einer Gesamtvergütung.

Zusammenfassend zeigt sich, dass man zur Beurteilung von Höhe und Struktur der Gesamtvergütung im Rahmen eines unverbindlichen Prüfrasters die diversen Kennziffern heranziehen kann, z.B. also neben der Mitglieder- und Versichertenzahl die Anzahl der Beschäftigten, die Verwaltungskosten pro Versicherten, die Zahl der Versicherten pro Mitarbeiter, etc.

Tab. 3b: Grundinformationen aus 50 Fragebögen, 2015 (Stand 11.04.2016)

	Fest-gehalt*	Variable Vergü-tung**	monetä-re Gesamt-samt-vergü-tung	Füh-rungs-kräfte	Stellvertre-ter/Gesamt-vergütung***	Führungskräf-te/Gesamt-vergütung****
Ø Mit-telwert Grup-pe I	94 848	0	100 615	1	43 686	58 342 (1-44)
Ø Mit-telwert Grup-pe II	111 203	2 115	116 005	2	79 304	73 848 (45-88)
	Fest-gehalt*	Variable Vergü-tung**	monetä-re Gesamt-samt-vergü-tung	Füh-rungs-kräfte	Stellvertre-ter/Gesamt-vergütung***	Führungskräf-te/Gesamt-vergütung****
Ø Mit-telwert Grup-pe III	123 635	9 970	136 694	3	89 133	89 230 (89-132)
Ø Mit-telwert Grup-pe IV	141 593	21 745	159 137	5	107 213	104 940 (133-177)
Ø Mit-telwert Grup-pe V	167 962	45 916	206 844	11	131 733	130 932 (178-222)

* Zahlungen/Festgehalt pro Jahr (inkl. Mindest-Tantieme, Urlaubs-/Weihnachtsgeld, feste Sonder-zahlungen, vermögenswerte Leistungen etc.)
** z.B. Boni, Tantieme etc.
*** jährliche Gesamtvergütung inkl. Variabler Vergütung, entgeltwerter Vorteil/Dienstwagen
**** jährliche Gesamtvergütung inkl. Variabler Vergütung, entgeltwerter Vorteil/Dienstwagen

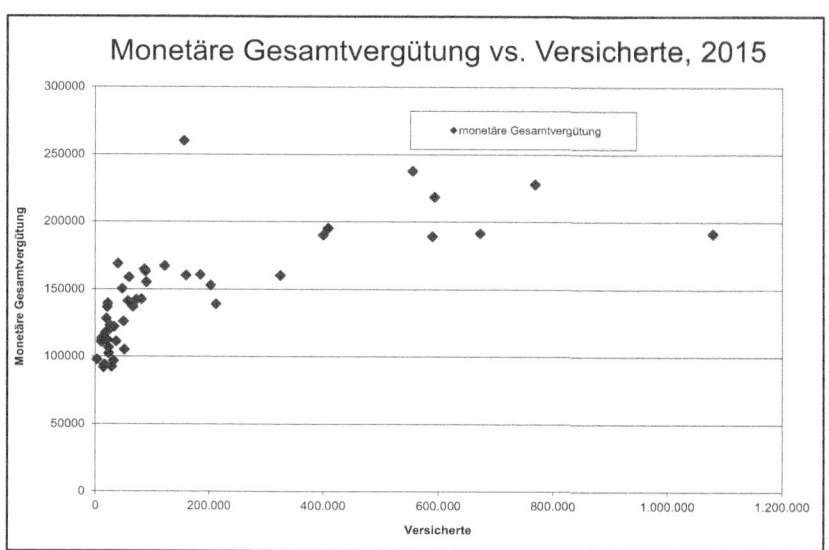

Abb. 2a: Monetäre Gesamtvergütung versus Versicherte 2015
Quelle: Eigene Darstellung

Aus diesen Beziehungen zwischen den einzelnen Kennziffern und der monetären Gesamtvergütung ergeben sich zahlreiche Grafiken, die einen Zusammenhang (keine Kausalität) zwischen der monetären Gesamtvergütung und allen anderen Kennziffern aufzeigen. Beispielhaft soll hier dieser Zusammenhang, wie weiter oben bereits angekündigt, mit der Anzahl der Versicherten herausgegriffen werden.[61] Abbildung 2a zeigt die Grafik, die oft mit einer sog. Trendlinie versehen wird. Jeder der blauen Punkte stellt die Höhe der Gesamtvergütung dar. Es fällt bei dieser Grafik auf, dass sich die meisten Vorstände nach ihren eigenen Angaben im Bereich der monetären Gesamtvergütung zwischen EUR 100.000 und EUR 200.000 bewegen, und das in Krankenkassen mit überwiegend bis zu 200.000 Versicherten. Eine bewertende Aussage des Inhalts, dass monetäre Gesamtvergütungen von Krankenkassenvorständen innerhalb dieses Bereichs angemessen sind, ist damit ebenso wenig verbunden wie ein (unzutreffender)

---

61 Einige Grafiken mit anderen Kennziffern sind im Anhang enthalten.

Schluss, Gesamtvergütungen ober- oder unterhalb dieser Bandbreiten seien unangemessen. Dies wäre methodisch verfehlt (vgl. oben Abschnitt 2.1). Diese
Feststellungen beinhalten lediglich Orientierungshilfen für die sehr viel komple-
xere Entscheidungsfindung über angemessene Vergütungsstrukturen und -höhen.

In Anlehnung an eine in der Praxis anzutreffende Abstufung der Versichertenzahl ergibt sich eine Grafik gemäß nachfolgender Abbildung 2b. Dort
findet sich eine andere Einteilung der Versicherten in fünf Gruppen auf der
Abszisse. Diese Werte sind wiederum mit der Gesamtvergütung in Verbindung
gebracht worden. Hieraus ergibt sich ein verändertes Bild. In dieser Grafik
(Abbildung 2b) zeigen sich die häufigsten Werte ganz links unter der Gruppe der
bis 29.999 Versicherten. Für die Versicherten bis zu einer Grenze bei 70.000,
150.000, 500.000 und über 500.000 zeigen sich ebenfalls die Zahlen der
dazugehörigen, hier berücksichtigten insgesamt 50 Krankenkassenvorstände.

Abbildung 2b vermittelt zumindest optisch den Eindruck, dass die monetäre
Gesamtvergütung mit der Anzahl der Versicherten anzusteigen scheint, so dass
eine durchgezogene Linie einen Aufwärtstrend zeigt (siehe die dazugehörige
Anhanggrafik 3). Ob eine solche Information noch wichtiger bei der Einschätz-
ung der Vergütungen ist als die Korrelation zur Mitgliederzahl, bedarf der
Diskussion. Dabei sollte auch berücksichtigt werden, dass im *kategorischen
Sinne* die Anzahl der Versicherten eher der Ausgabenseite und die Anzahl der
Mitglieder eher der Einnahmenseite zuzurechnen ist (vgl. oben Abschnitt 2.1).
Und nicht zuletzt sei noch einmal darauf hingewiesen, dass es sich hier nicht um
Kausalitäten handelt, sondern nur um sichtbare Zusammenhänge (Korrelationen)
eines Status Quo.

Die bereits erwähnten vier Grafiken der Arbeitsgruppe der Aufsichtsbehörden der Sozialversicherungsträger beziehen sich nur auf die Versichertenzahl
und kein anderes Merkmal, noch nicht einmal auf die im Gesetz als *insbesondere
zu berücksichtigende Mitgliederzahl*. Und es werden nur Verknüpfungen zu den
sog. Grundvergütungen abgebildet. Dort wird auf der Abszisse zwischen „bis 25
Tsd. Versicherten" (32 Krankenkassen), „25-150 Tsd. Versicherten" (33 Krankenkassen), „150-500 Tsd." (15 Krankenkassen) und „über 500 Tsd. Versicherten" (23 Krankenkassen) unterschieden und zusammen mit den Grundvergütungen entsprechende Punktdiagramme mit Trendlinien für das Jahr 2015 erstellt.

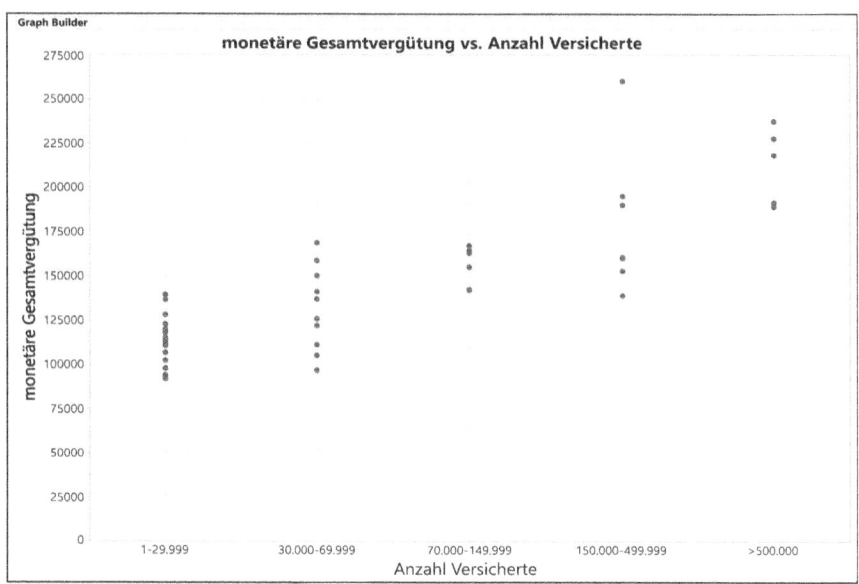

Abb. 2b: Monetäre Gesamtvergütung versus Versicherte 2015
Quelle: Eigene Darstellung

Die dazu gehörigen vier Grafiken für die 103 Krankenkassen befinden sich in den Anhängen 2a-d.[62]

Zusammenfassend ist noch einmal darauf hinzuweisen, dass sich aus all diesen Grafiken im Text und im Anhang, egal in welcher Darstellungsform, *keine Kausalitäten* entnehmen lassen. Sie dienen einzig und allein der Anregung und Findung von Hypothesen zur Erklärung oder zur Bestimmung der Höhe und Struktur der Vorstandsgesamtvergütungen. Bei den Kennziffern handelt es sich um Hinweise und um mehr nicht.[63] Korrelationen und Kausalitäten haben grundsätzlich nichts miteinander zu tun. Diese Bilder enthalten keinerlei funktionale

---

62 Sie sind dem Anhang zum Schreiben des Bundesversicherungsamtes vom 30.03.2016 entnommen. Dort liegt eine „Grundvergütung" des 1. Vorstands gemäß Bundesanzeiger für das Jahr 2015 zugrunde.
63 Bei *Krämer, W.*, aaO, heißt es: „...oft kommen vorher nicht vermutete Zusammenhänge durch ein Streudiagramm überhaupt erst ans Tageslicht; sie sind deshalb eines der einfachsten und zugleich wirksamsten statistischen Werkzeuge, die es gibt".

Beziehungen. Auch die Trendlinien dienen nicht der Erklärung und führen inso-
weit auch nicht zu einer aussagekräftigen oder gar ausgewogenen Beurteilung
der Angemessenheit der Gesamtvergütungen hinsichtlich Struktur und Höhe.
Diese (in der Praxis häufig eingezeichneten) Trendlinien in den Punktwolken
beschreiben nur eine lineare Beziehung der Daten, nämlich basierend auf der
Methode der kleinsten Quadrate wird die Linie so angepasst, dass die Entfernung
der Datenpunkte von der Linie möglichst klein ist. In den Grafiken des Arbeitspapiers der Aufsichtsbehörden (im Anhang 2a bis 2d) sind sie enthalten. Diese
„Entfernung der Datenpunkte von der Linie" enthält *keine Aussagekraft zu einer
etwaigen Angemessenheit* einer Vorstands(grund)vergütung. Methodisch fehler-
haft wird es dann, wenn die Punkte oberhalb der Trendlinie als Indikatoren einer
Unwirtschaftlichkeit gedeutet werden, mit der Maßgabe, die Vergütungen zu
senken, und dem Nebeneffekt, dass die Trendlinie dann weiter abfällt und damit
die Vergütungen peu á peu.

Die Informationen zu den monetären Vergütungsverhältnissen der Krankenkassenvorstände, soweit sie sich an dieser Umfrage beteiligt haben, anhand
der abgefragten und in den Tabellen abgebildeten Kennziffern enthalten (lediglich) Orientierungshilfen bei der Beurteilung der Angemessenheit einer monetären Gesamtvergütung. Darüber hinaus gibt es diverse weitere Bestandteile einer
angemessenen Vorstandsgesamtvergütung im Sinne sog. nicht-monetärer Bestandteile; dazu gehören in erster Linie betriebliche Altersversorgungszusagen
(AVZ), Dienstwagenregelungen, sonstige Versicherungsleistungen/-entgelte für
private Zwecke, vermögenswerte Leistungen und Zusagen auf Übergangsgelder
bzw. Abfindungen bei vorzeitiger Beendigung des Vorstandsverhältnisses. Im
Übrigen ergibt sich aus den erhobenen Daten eine Fülle zusätzlicher Informationen, die bei den Überlegungen zu (weiteren) Angemessenheitskriterien (als Unterfälle der im Gesetz genannten drei Kriterien) nützlich sein können; hierauf
kann im jeweiligen Einzelfall im Rahmen einer Sonderauswertung zurückgegriffen werden. Ein Gesamtbild ergibt sich schließlich immer erst in Bezug auf den
einzelnen Vorstand in der Umgebung seiner durch ihn repräsentierten Krankenkasse.

2.2.2 Die betrieblichen Altersversorgungszusagen (AVZ) als Bestandteil der Vorstandsgesamtvergütung

Die Versorgungszusagen gegenüber Krankenkassenvorständen hinsichtlich der Durchführungswege und in ihren Höhen variieren überaus stark. Diese unübersichtliche Vielfalt ist den Anhängen 4 bis 6 zu entnehmen. Zum einen wurden dort beispielhaft fünf Antworten zur Direktversicherung (Anhang 4) aus den Antworten entnommen und geordnet (zusätzliche Information: Gesamtvergütung für das Jahr 2015). Zum anderen, und noch komplizierter, liegen beispielhaft fünf Antworten zur unmittelbaren Versorgungszusage (Anhang 5) vor.

Trotz dieser nicht einfachen und unübersichtlichen Ausgangslage, die mit den Anhängen 4 und 5 nur beispielhaft gezeigt werden kann, lassen sich den Umfrageergebnissen einige signifikante Gemeinsamkeiten entnehmen; dies sind insbesondere:

(1) die weit überwiegende Zahl der Vorstände hat eine Versorgungszusage (51 von 60), nur neun haben keine Versorgungszusage;

(2) bei etwas mehr als der Hälfte wird dies in Form der Direktversicherung durchgeführt (33 von 51), in unterschiedlicher Ausgestaltung, bei 16 in Form einer unmittelbaren AVZ (siehe Anhänge 4 und 6);

(3) von den Stellvertretern haben 35 (von 41) eine AVZ, davon 20 mit „arbeitgeberseitigen Zahlungen" (mittelbare AVZ), neun in Form unmittelbarer Versorgungszusagen und der Rest ohne weitere Angaben (siehe Anhang 6).

Als Grundaussage lässt sich daraus ableiten, dass bei aller Heterogenität die Direktversicherungen mit arbeitgeberseitigen Prämienzahlungen deutlich im Vordergrund der betrieblichen Altersversorgungszusagen stehen (siehe Anhang 5 und 6). Eine kleinere Anzahl von Vorständen weist keine Altersversorgungszusage auf.

Hinsichtlich der erwarteten Ablaufleistung ergibt sich aus den Antworten eine Bandbreite von monatlich EUR 330,00 bis maximal monatlich EUR 3.580. Die jährlichen Aufwendungen für Prämienzahlungen bzw. (damit vergleichbar) die jährlichen Rückstellungszuführungen (hier: 2013/2014) liegen zwischen EUR 1.000 und EUR 70.482.

Darüber hinaus ist zu beachten, dass es zu einer transparenten und nachvollziehbaren Beurteilung der Angemessenheit gehört, in jedem *Einzelfall* den aus dem angestrebten Versorgungsniveau (je nach Dauer der Vorstandszugehörig-keit) abgeleiteten jährlichen Aufwand der Krankenkasse zu ermitteln, ergänzt um den langfristigen Aufwand für die Krankenkasse (entsprechend Ziff. 4.2.3 Abs. 3 Deutscher Corporate Governance Kodex) – dies ist Bestandteil der Unterschei-dung zwischen *gewährten* und *zugeflossenen* Zuwendungen (s. dazu oben Ab-schnitt 2.1.1). Bei Direktversicherungen besteht der jährliche Aufwand im Re-gelfall aus den im betreffenden Jahr geleisteten *Prämienzahlungen* an den Versi-cherer; entsprechend gilt dies bei Durchführung über eine Pensionskasse, Unter-stützungskasse oder einen Pensionsfonds. Um eine damit vergleichbare Größe bei unmittelbaren Versorgungszusagen zu erhalten, sind dort unseres Erachtens die *jährlichen Rückstellungszuführungen* zu ermitteln.

2.2.3 Informationen zur Dienstwagenregelung

Die weit überwiegende Zahl der Vorstände bekommt von der Krankenkasse einen Dienstwagen für dienstliche Zwecke zur Verfügung gestellt, der dann auch privat genutzt werden darf. Nur neun Vorstände haben angegeben, keinen Dienstwagen zu haben bzw. die Frage nicht beantwortet,

Auch hier ergibt sich eine große Vielfalt in der Beantwortung. Die Fragebö-gen geben nur im jeweiligen Einzelfall eine genaue Auskunft. Im Anhang 7 wird diese Heterogenität anhand von fünf Beispielen dargestellt.

2.2.4 Weitere Informationen im Kontext der Gesamtvergütung

Antworten zu Frage 14: Sind Sie im Zusammenhang mit Ihrer Vorstandstätigkeit zugleich als Mitglied in Aufsichts-, Verwaltungsräten, Beiräten und/oder in an-deren Funktionen tätig und, falls ja, mit gesonderter Vergütung?

- 43 Vorstände sind zugleich Mitglied;
- 17 sind kein Mitglied;
- 3 bekommen eine gesonderte Vergütung und ein Vorstand erhält eine Auf-wandsentschädigung.

Antworten zu Frage 8: 40 der Krankenkassen sind in mehr als einem Bundesland tätig; 10 Krankenkassen nur in einem Bundesland; 480 Geschäftsstellen insgesamt, wobei die Anzahl je Krankenkasse von 0 bis 104 variiert.

Antworten zu Frage 13: Abschluss des laufenden Vorstandsvertrags mit/ohne Zustimmung der Aufsichtsbehörde: 14 Vorstandsverträge noch ohne Zustimmung des BVA; 44 Vorstandsverträge mit Zustimmung des BVA bzw. der Landesaufsicht; 2 Vorstandsverträge nach § 274 SGB V.

Antworten zu Frage 16: Enthält Ihr Vertrag ein Wettbewerbsverbot für den Fall der Vertragsbeendigung? 50 Antworten mit Nein, 2 mit ja und der Rest ohne Angaben.

2.2.5 Ergebnisse und Schlussfolgerungen

Unseres Wissens ist es das erste Mal, dass mit Hilfe eines umfangreichen Fragebogens versucht wurde, mehr Transparenz in das Vergütungssystem der Vorstände der GKV zu bringen, um damit den beteiligten Entscheidungsträgern im jeweiligen Einzelfall die schwierige Beurteilung der Angemessenheit der Gesamtvergütung von Krankenkassenvorständen zu erleichtern. Mit Sicherheit lassen sich allerdings auch auf diesem (neuen) Wege mittels einer empirischen Grundlage zu den Vorstandsvergütungen im monetären und nicht-monetären Sinne keine absolut zulässige Höhe einer Gesamtvergütung und eine zulässige, *angemessene* Struktur ableiten. Aber es ist ein erster und vielversprechender Weg, mehr Transparenz und Rationalität in die Entscheidungsfindung der Verwaltungsräte sowie der Bundes- bzw. Länderaufsichten zu bringen. Die vorgelegten und weiteren Daten dieser Art können Anregungen für die Vergütungshöhe und ihre Struktur geben und damit die Arbeiten der Entscheidungsträger verbessern. Dabei ist immer wieder auf die Heterogenität der Daten bzw. Ergebnisse hinzuweisen und die damit verbundene Herausforderung, eine angemessene Struktur der Vorstandsvergütungen im jeweiligen Einzelfall zu entwickeln.

Mit diesem Abschlussbericht wird ein Erkenntnis- und Willensbildungsprozess eingeleitet, der nicht abgeschlossen ist und fortgesetzt werden sollte. Allein die nunmehr verfügbaren Umfragedaten sind weiter anhand von Sonderauswertungen zu verwenden, und werden mit Sicherheit zu weiteren Fragen und neuen Erkenntnissen führen. Wichtig ist aber auch, dass im Kontext des Themas dienstrechtliche und sozialrechtliche Überlegungen sowie gesundheitsökonomische Erkenntnisse einbezogen wurden. Sie runden insbesondere die sich verändernden Managementfunktionen ab und zeigen neue Aufgaben und Wege für die Vorstände, ihre Stellvertreter und ihre Führungskräfte auf. Darüber hinaus empfehlen wir, über eine angemessenere Vergütung der Verwaltungsräte nachzudenken, deren Funktion durch § 35a Abs. 6a SGB IV nicht einfacher geworden ist – und in teils vergleichbarer Weise in privatrechtlichen Unternehmen von Aufsichtsräten mit deutlich höheren Dotierungen geleistet wird.

3 Fazit und Vorschläge

3.1 Zielorientierte Vorschläge zur Kriterienbildung bei der Beurteilung der Angemessenheit der Vorstandsgesamtvergütung im Sinne des § 35a Abs. 6a SGV IV

Es gibt eine erhebliche Bandbreite an Entscheidungen und Beurteilungen, die gleichermaßen *angemessen* sind. Angemessenheit bezieht sich auf Transparenz und Nachvollziehbarkeit der Entscheidung im jeweiligen Einzelfall und die zugrunde gelegten Kriterien; weniger dagegen auf ein bestimmtes Ergebnis bzw. eine absolute Ober- und Untergrenze. Und wichtig ist: das vom Verwaltungsrat festzulegende Vorstandsvergütungssystem sollte im Einklang stehen mit der „Unternehmensstrategie" der jeweiligen Krankenkasse.

Kriterien zur Bewertung der Angemessenheit der einzelnen Vergütungsbestandteile und ihr Verhältnis zueinander sind im Rahmen der drei im Gesetz genannten Kriterien *Aufgabenbereich [des Vorstandsmitglieds], Größe [des Vorstands] und Bedeutung der Körperschaft*, auf Basis weiterer dienstvertrags- und sozialrechtlicher Gegebenheiten sowie absehbarer gesundheitsökonomischer Entwicklungen, zu bilden. Zu diesen Kriterien könnten insbesondere gehören:

1. Individueller Aufgaben- und Verantwortungsbereich nebst des damit einhergehenden Haftungsrisikos;
2. Alleinvorstand oder Kollegialorgan;
3. Dauer der Berufserfahrung in Führungsfunktionen, nebst Reputation, bisheriger beruflicher Werdegang, Marktwert eines Vorstandskandidaten;
4. Besonderes Anforderungsprofil;
5. Verhältnis der Vorstandsgesamtvergütung zur Gesamtvergütung des oberen Führungskreises (und der Belegschaft insgesamt), auch in der zeitlichen Entwicklung;

© Springer Fachmedien Wiesbaden GmbH, ein Teil von Springer Nature 2019
C. Hilbrandt und K.-D. Henke, *Von der Beamtenbesoldung zum Vergütungskodex*,
https://doi.org/10.1007/978-3-658-26550-2_3

6. Vergleich mit den Vergütungsstrukturen von Kollegen in derselben, aber auch in anderen Branchen (am „Markt" öffentlicher und privater vergleichbarer Einrichtungen, z.b. GKV-Verbänden, Sparkassen, kassenärztlichen Vereinigungen[64], Industrie- und Handelskammern, Krankenhausdirektoren oder PKV);

7. (Positive wie negative) Entwicklungen des „Unternehmensergebnisses"/Bilanzrankings, der Leistungsausgaben, des Verhältnisses der Verwaltungskosten pro Versicherten bzw. der Anzahl der betreuten Versicherten pro Mitarbeiter, des RSA-Faktors und der Versorgungsstrategien nach Krankheitsbildern;

8. (Positive wie negative) Entwicklungen der Mitglieder-, Versicherten-, Beschäftigten-, Geschäftsstellenzahl und Ähnlichem;

9. Bedeutung und Vorteile bei Kooperationen mit der PKV;

10. Sonstige Innovationen mit Vorteilen für die GKV bzw. einzelnen Krankenkassen im Wettbewerb miteinander;

11. Anzahl und Bedeutung von Mitgliedschaften in Aufsichts-, Verwaltungsund anderen Beiräten („Vernetzung") sowie Vergütungen dafür;

12. Sonstige Vergütungen seitens Dritter;

13. Bestands- und Vertrauensschutz hinsichtlich „erdienter Besitzstände";

14. Zielvereinbarungen; „pay for performance".

Zusätzlich empfehlen wir, in einem offenen Diskurs im Rahmen der Sozialpartnerschaft Leitlinien zur Beurteilung der Angemessenheit zu entwickeln, insbesondere zu den zugrunde zu legenden Prinzipien und dem Verfahren.[65] Dies könnte in einer Kommission geschehen (ähnlich der *Cromme*-Kommission, welche zur Ausarbeitung des Deutschen Corporate Governance Kodex führte), die insbesondere – seitens der Krankenkassen – aus Vertretern ihrer Selbstverwaltungsorgane (Verwaltungsräte), ihrer Vorstände, ihrer rechtlichen Berater und

---

64 Siehe „Veröffentlichung der Gehälter der Vorstände der Kassenärztlichen Vereinigungen und der Kassenärztlichen Bundesvereinigung", in Deutsches Ärzteblatt, Jg. 113, Heft 9, 04.03.2016, S. A 393 ff.

65 Umgesetzt in 2017/2018 im (ersten) Vergütungskodex für Krankenkassenvorstände idF. vom 21.02.2018, im Internet veröffentlicht unter: www.hrc-law.com/verguetungskodex_für_krankenkassenvorstaende/.

ihrer Verbände sowie aus Vertretern der Wissenschaft und aus Vertretern der Aufsichtsbehörden bestehen sollte. (Hinweis: Dies wurde in 2017/2018 in Form der Arbeitsgruppe zur Erstellung eines Vergütungskodex für Krankenkassenvorstände umgesetzt, vgl. Kapitel II).

3.2 Unternehmensstrategischer Ausblick auf die versorgungspolitische, gesundheitswirtschaftliche und gesellschaftliche Zukunft der GKV

In der Zukunft der GKV geht es um eine eher am derzeitigen Status quo orientierte Weiterentwicklung eines solidarischen und wettbewerblichen Systems der Krankenversorgung und gesundheitlichen Betreuung der Bevölkerung. Aus gesundheitsökonomischer Sicht stehen die Wettbewerbsfelder im Gesundheitswesen und die einzusetzenden Parameter im Vordergrund (siehe nachfolgende Abbildung 3)[66]. Traditionell wird in den Lehrbüchern zwischen den Versicherungsmärkten, dem Markt für Gesundheitsgüter und Gesundheitsleistungen sowie dem Markt für Versorgungsverträge der Krankenkassen mit K(Z)Ven und ohne K(Z)Ven unterschieden.

Übersehen wird in diesem Zusammenhang häufig der Beschaffungsmarkt für Gesundheitsgüter und Vorleistungen, und damit ein Blick auf die Gesundheitswirtschaft als Wirtschaftszweig insgesamt sowie die dazugehörigen Wettbewerbsfelder in der industriellen und zum großen Teil mittelständischen Gesundheitswirtschaft. Mehr Spielräume für innovativen Wettbewerb durch Lockerung starrer Rahmenbedingungen, insbesondere in Bereichen der Kollektivverträge, gehört in diesen Kontext.

Ebenfalls häufig nicht beachtet werden die unterschiedlichen Rahmenbedingungen, in denen sich die unterschiedlichen gesetzlichen Krankenkassen behaupten müssen. So macht es einen Unterschied, ob Krankenkassen Kollektiv-

---

[66] Siehe hierzu *Gersch, M.*, Innovationsfonds: Pfadbruch und Pfadkonstituierung?!, PPP gelegentlich der GGÖ Veranstaltung am 15.03.2016.

Selected fields of competition within the German health care sector

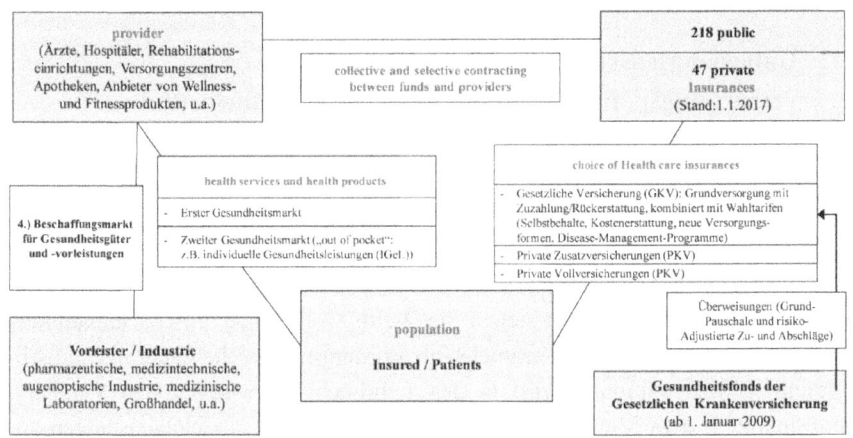

Abb. 3: Ausgewählte Wettbewerbsfelder (Teilmärkte) des Gesundheitswesens (Selected fields of competition within the German health care sector)
Quelle: Eigene Darstellung

verträge nur in einer Region und mit einer K(Z)V verhandeln und abschließen müssen oder z.B. bundesweit.

Die Planung von Versorgungsverträgen, die Absicherung der Grundversorgung, die Organisation der Kundenbetreuung und vieles mehr gehört zu den Aufgaben der Vorstände. Und im Hinblick auf die Einstellung von gutem und qualifizierten Personal ist zu berücksichtigen, dass das sog. Recruitingumfeld, jedenfalls bezogen auf Führungspositionen unterhalb des Vorstands, keine Rücksicht darauf nimmt, ob es restriktive Auffassungen einer Aufsichtsbehörde bei Ausübung ihrer Zustimmungsvorbehalte zur Angemessenheit von Vorstandsgesamtvergütungen gibt und wie diese ausgeübt werden – d.h. wenn man qualifiziertes Personal gewinnen möchte, ist in der Regel eine Orientierung an den „Marktpreisen" unabdingbar, weil man häufig in Konkurrenz mit Unternehmen außerhalb der GKV steht. Dies wiederum führt zu einer Rückwirkung auf die Angemessenheit der Vorstandsvergütung, nämlich im Rahmen des Vertikalvergleichs. Die Sichtweise kann sich also *nicht eindimensional* nur auf die Vergütung(sentwicklungen) auf Vorstandsebene ausrichten, sondern muss mehrdimensional sein.

Je stärker also ein „solidarischer und vollumfänglicher Wettbewerb" gefordert wird, umso mehr bedarf es dafür einer neuen konzeptionellen Grundlage, die im Umfeld neuer Aufgaben der Vorstände zu entwickeln ist.

Neben die zu Recht im Vordergrund stehenden versorgungspolitischen Aufgaben der GKV tritt die Gesundheitswirtschaft noch hinzu, deren Wirkungen eindrucksvoll in der nachfolgenden Abbildung 4 gezeigt werden. Mit ihrem Beitrag zur Beschäftigung, zur Wertschöpfung, zum Export und zur Staatsfinanzierung gehört die Gesundheitswirtschaft zu einer der Leit- und Zukunftsbranchen der deutschen Volkswirtschaft. Es liegt auf der Hand, dass den Vorständen der Krankenkassen, ihren Stellvertretern und Führungskräften in diesem Kontext eine besondere Verantwortung zufällt, insbesondere wenn die gesetzlichen Rahmenbedingungen ihre Autonomie stärken. Mehr Spielraum für innovativen Wettbewerb durch Öffnung des Vertragsrechts mit einer Generalklausel für Selektivverträge gehört in diesen Kontext.

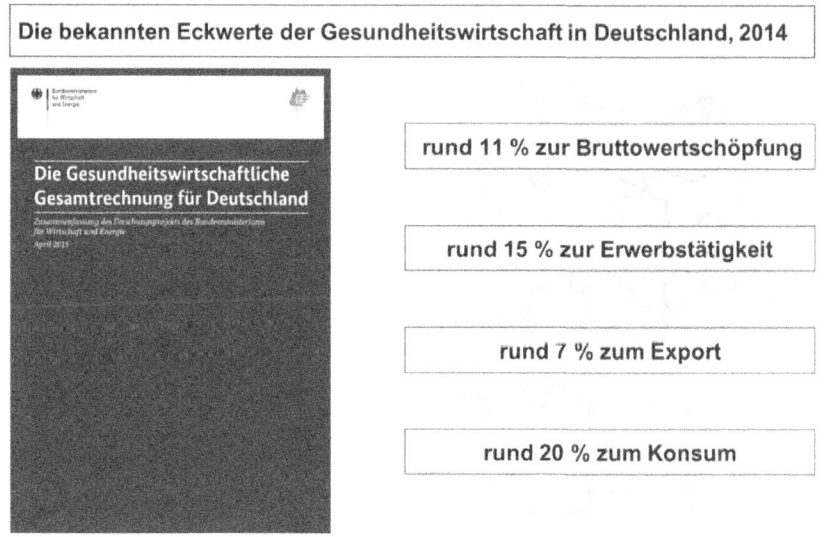

Abb. 4: Ökonomischer Wert der Gesundheitswirtschaft
Quelle: Gesundheitswirtschaftliche Gesamtrechnung (BMW) (2015), Oswald Henke, Kimetal (2014), Herke, Neumann, Schneider et al. (2010).

Die versorgungspolitische, gesundheitswirtschaftliche und schließlich gesell-
schaftliche Bedeutung der gesetzlichen Krankenkassen stehen damit auf der
politischen Agenda für eine weitere empirische Durchdringung dieser drei Aktivitäten. Dazu gehört auch ein regelmäßiger Blick auf Art, Höhe und Struktur der
Vergütung der Vorstände, ihrer Stellvertreter und der weiteren Führungskräfte.
Diese regelmäßige und regelhafte Information trägt bei zu:

1. mehr Sicherheit für die Verwaltungsräte bei ihrer Entscheidung über die
   Angemessenheit der Gesamtvergütung,
2. zu mehr Rationalität in der Entscheidungsfindung für die Bundes- und Län-
   deraufsicht und schließlich
3. zur Stärkung der Selbstverwaltungsautonomie durch eine bessere Datenlage
   und mehr vertrauensbildende Transparenz.[67]

Eine weitere empirische Analyse der gesundheitswirtschaftlichen Aktivitäten,
ähnlich wie die bereits vorliegenden Berechnungen des Bundesministeriums für
Wirtschaft und Energie zur Gesundheitswirtschaft mit ihren industriellen und
dienstleistungsorientierten Teilen[68], ließe sich auch für die GKV (und PKV)
erstellen.

---

67 Am Rande sei noch darauf hingewiesen, dass Vorschläge zu einer Entstaatlichung der gesetzli-
     chen Krankenversicherung, z.B. in Form von Versicherungsvereinen auf Gegenseitigkeit oder
     Genossenschaften diskutiert werden. In einem solchen Kontext könnte sich eine andere Sicht bei
     der Festlegung einer Gesamtvergütung der Vorstände ergeben.
68 Siehe dazu im Einzelnen Bundesministerium für Wirtschaft und Energie, Hrsg., Die Gesund-
     heitswirtschaftliche Gesamtrechnung für Deutschland, Zusammenfassung des Forschungspro-
     jekts, April 2015.

Anhänge zu Teil I

1. Grafiken zum Zusammenhang der monetären Gesamtvergütung mit anderen ermittelten Kennziffern
2. Die vier Tabellen der Arbeitsgruppe der Aufsichtsbehörden der Sozialversicherungsträger zur Grundvergütung des 1. Vorstands gemäß Bundesanzeiger, 2015, Bund u. Länder
3. Abbildung in einer anderen Gruppierung der Versicherten auf der Abszisse und mit einer Trendlinie
4. Beispielhafte Antworten zur Direktversicherung
5. Beispielhafte Antworten zur unmittelbaren Versorgungszusage
6. Auswertung Altersversorgungszusagen Vorstand und Stellvertreter
7. Beispielhafte Antworten zur Dienstwagenregelung
8. Der Datenerhebung zugrunde liegender Fragebogen

Anhanggrafiken

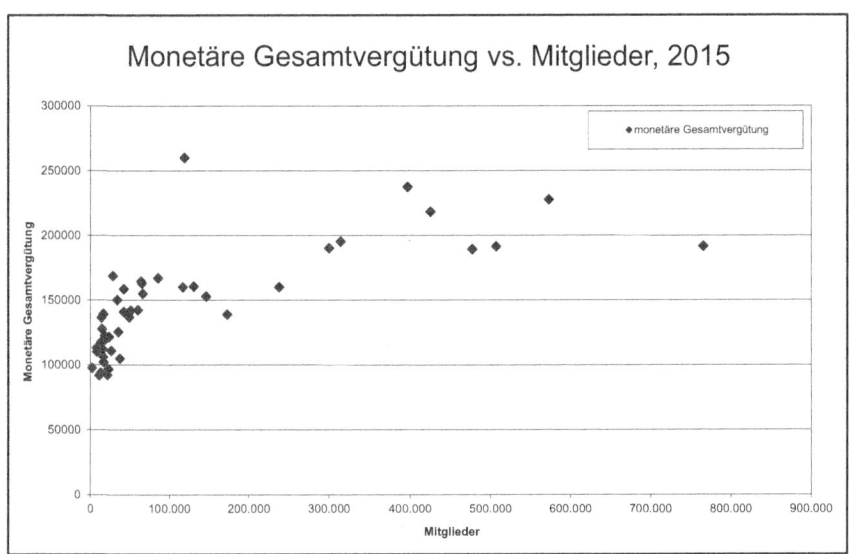

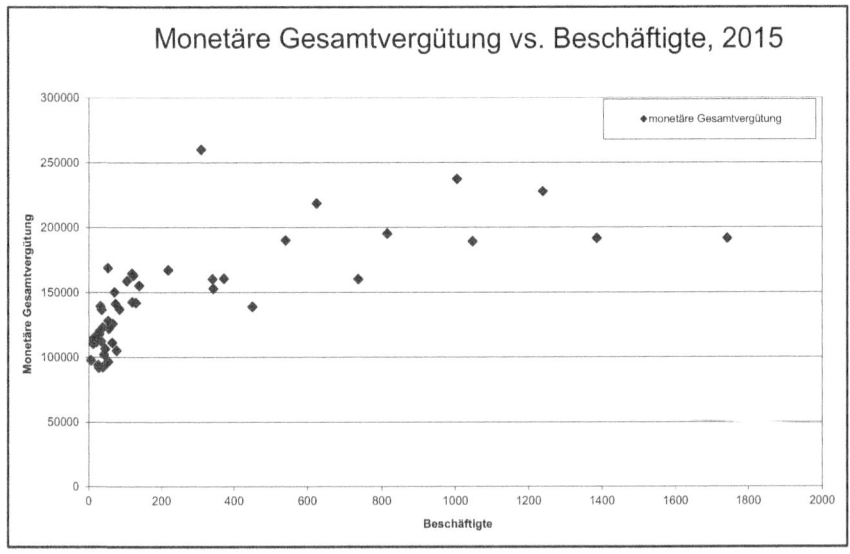

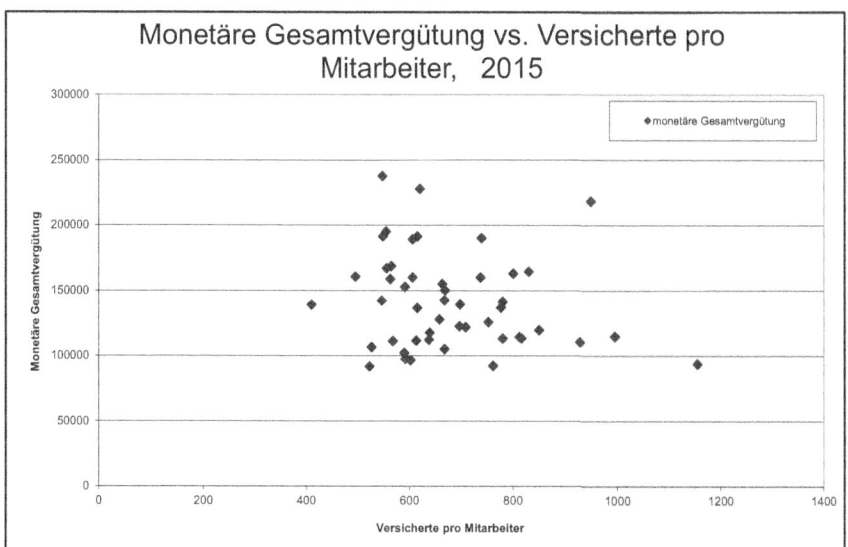

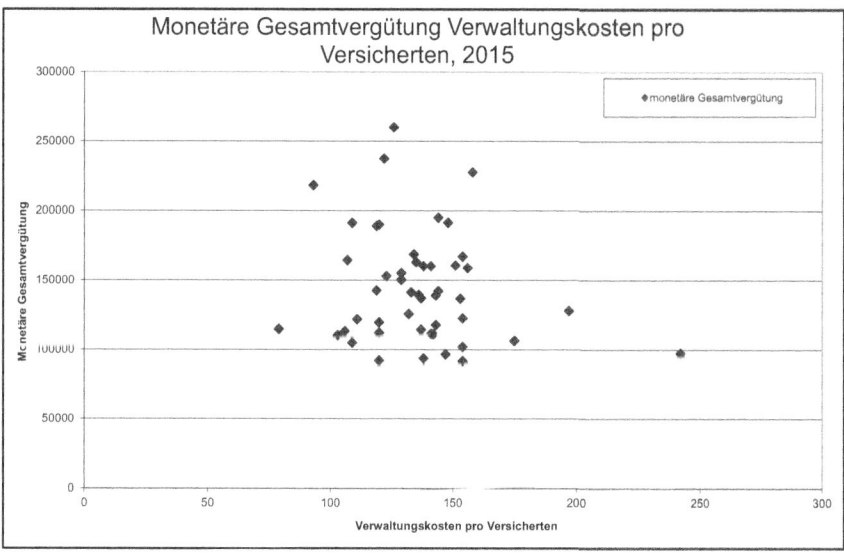

Anhang 2a bis d: Grafiken der Arbeitsgruppe der Aufsichtsbehörden der Sozialversicherungsträger

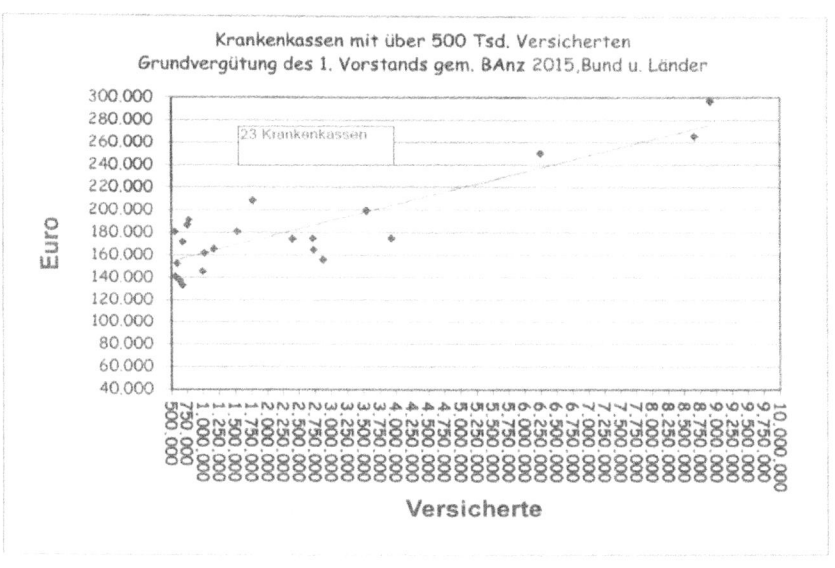

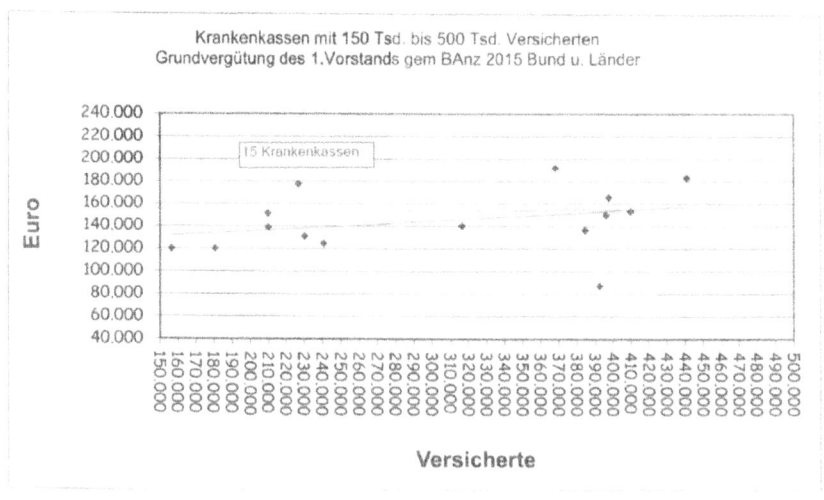

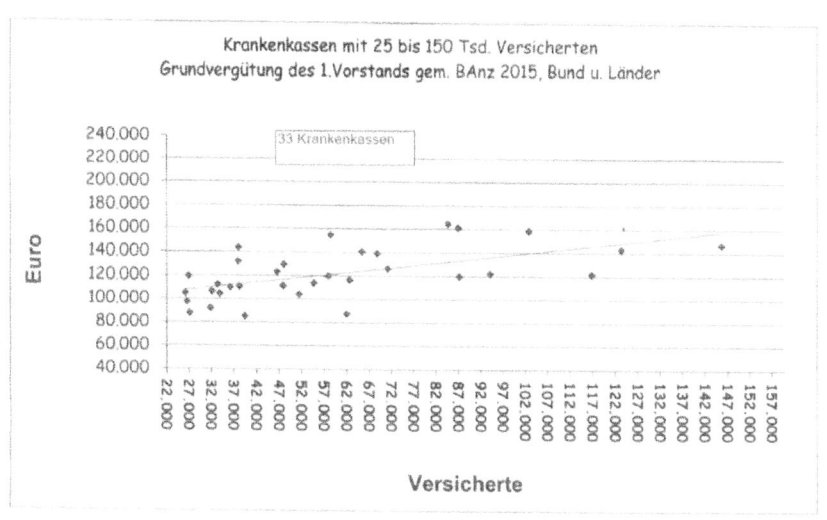

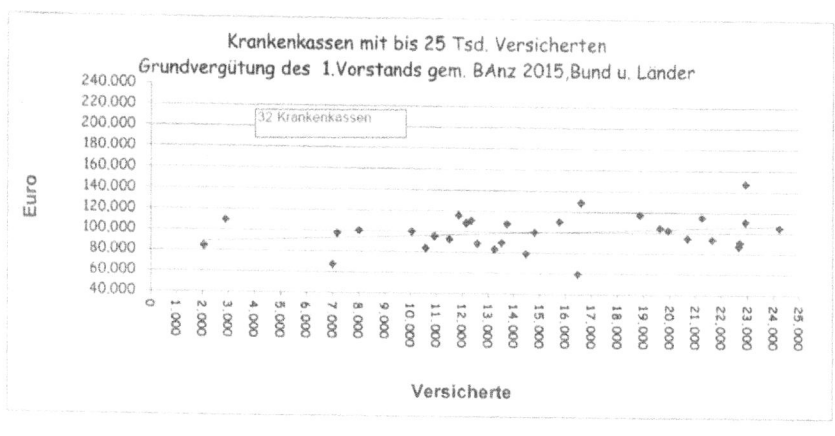

Anhanggrafik 3: Abbildung in einer anderen Gruppierung der Versicherten, 2015

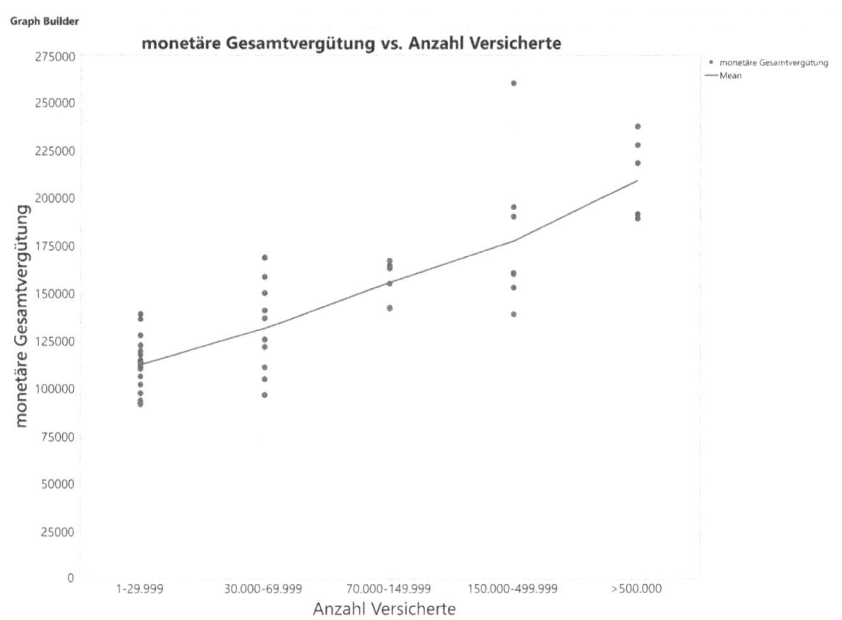

Anhang 4: Beispielhafte Antworten zur Direktversicherung

Erstes Beispiel (Fragebogen 3 und Ziffer 3):
Prämie in 2013: EUR 9.000,00
Prämie in 2014: EUR 9.000,00
Prämie in 2015: EUR 9.000,00
monetäre Gesamtvergütung: EUR 195.000,00
Prämie in 2016: EUR 9.000,00
6% der Gesamtvergütung

Zweites Beispiel (Fragebogen 5 und Ziffer 5):
Prämie in 2013: EUR 4.393,00
Prämie in 2014: EUR 5.985,00

Prämie in 2015: EUR 6.619,00
monetäre Gesamtvergütung EUR 110.313,00
Prämie in 2016: EUR 6.619,00

Drittes Beispiel (Fragebogen 6 und Ziffer 6):
Prämie in 2013: EUR 31.490,00
Prämie in 2014: EUR 32.765,00
Prämie in 2015: EUR 40.386,00
monetäre Gesamtvergütung: EUR 168.625,00
Prämie in 2016: keine Angabe
Erwartete Ablaufleistung zum Renteneintrittsalter: EUR 3.580,00

Viertes Beispiel (Fragebogen 10 und Ziffer 10):
Prämie in 2013: EUR 6.602,40
Prämie in 2014: EUR 6.888,00
Prämie in 2015: EUR 7.224,00
monetäre Gesamtvergütung: EUR 122.519,00
Prämie in 2016: EUR 7.350,00

Fünftes Beispiel (Fragebogen 13 und Ziffer 13):
Prämie in 2013: EUR 12.780,00
Prämie in 2014: EUR 13.080,00
Prämie in 2015: EUR 13.380,00
monetäre Gesamtvergütung: EUR 152.800,00
Prämie in 2016: EUR 13.740,00
Bei Renteneintrittsalter 67: EUR 851,00 monatlich

Anhang 5: Beispielhafte Angaben zur unmittelbaren Versorgungszusage

Erstes Beispiel (Fragebogen 2 und Ziffer 2):
Die Rente berücksichtigt auch die Beschäftigungszeiten vor der Vorstandstätigkeit vom 01.01.1990-28.02.2014.
Prognose 63. Lebensjahr: EUR 20.918,16 pro Jahr
Prognose 66. Lebensjahr: EUR 27.293,99 pro Jahr

Zweites Beispiel (Fragebogen 4 und Ziffer 4):
Beitragsorientierte Leistungszusage 13% vom Jahreszieleinkommen, entspricht im
Jahr 2014: EUR 35.150,00
BSAV-Konto: EUR 21.125,00
Abzug von IP: EUR 14.025,00 (IP=Individuelle Personszusage, Altsystem)
Der erwartete Ruhegeld-Anspruch p.a.: EUR 39.600,00 aus IP
Bis 31.12.2014 erworbene Anwartschaft: EUR 37.209,00 aus IP
Zusätzlich Anspruch aus BSAV. Kapitalstand vom 01.01.2015
Versorgungskonto mit vollendetem 65. Lebensjahr: EUR 219.440,52
Rückstellungszuführung 2013-2014: EUR 140.964,00, davon für
IP: EUR 94.255,00
BSAV: EUR 46.509,00

Drittes Beispiel (Fragebogen 8 und Ziffer 8):
Vollendung des 67. Lebensjahres in Höhe von 25% des letzten festen Bruttomonatsgehalts
Zu erwartender Ruhegehalt-Anspruch p.a.: EUR 38.100,00
Bereits bis 2014 erworbene Anwartschaft: EUR 35.250,00

Viertes Beispiel (Fragebogen 9 und Ziffer 9):
Vollendung des 63. Lebensjahres
Beitragsorientierte Leistungszusage: EUR 2.400,00 monatlich
Ausführliche Anlage für den stv. Vorstand (und 7 Führungskräfte)
Stv. Vorstand: Unmittelbare Versorgungszusage, zu erwartendes Ruhegehalt
EUR 13.464,00; bis 2015 erwartete Ansprüche p.a. EUR 1.634,00; AG-seitige
Zahlung; evtl. mtl. Ablaufleistungen...; erw. Einmalzahlung...

Fünftes Beispiel (Fragebogen 12 und Ziffer 12):
Vollendung des 65. Lebensjahres (Verweis auf 9seitige Anlage zur Versorgungsregelung für den Vorstand)
Zu erwartender Ruhegeld-Anspruch p.a. EUR 46.981,31
bereits bis 2014 erworbene Anwartschaft: EUR 33.632,52
Rückstellungszuführung 2013-2014: EUR 24.702,62 (11.853,50 + 12.849,12)
Bereits bis 2014 erworbene Anwartschaft: EUR 35.250,00

Anhang 6: Auswertung Altersversorgungszusagen Vorstand und Stellvertreter

Nr.	Funktion	Altersvororge (Ja/ Nein)	Art der Vorsorge (Direktversicherung/Unmittelbare Versorgungszusage/Direktzusage)	Aufwendungen/ Rückstellungszuführung KK	Erwartete Ablaufleistung	Ruhegeldanspruch erwartet p.a.	Anwartschaftswert 2014	Sonstiges
1	Vorstand	Ja	nicht zuordenbar individueller Aktienfonds	10.800,00 €				
1	Stellvertreter	Ja	Arbeitgeberseitige Zahlung mittelb. betriebl. AV in 2015	6.067,88 €				
2	Vorstand	Ja	Direktversicherung	15.886,00 €	1.598,51 €			
2	Stellvertreter	Ja	Arbeitgeberseitige Zahlung mittelb. betriebl. AV in 2015	1.998,75 €	3.511,44 €			
3	Vorstand	Ja	k.A.					
3.01	Vorstand	Ja	Unmittelbare Versorgungszusage			38.100,00 €	35.250,00 €	
4	Vorstand	Ja	Direktversicherung	27.014,00 €				
4.01	Vorstand	Ja	Direktversicherung	26.784,00 €				
5	Stellvertreter	Nein						
5	Vorstand	Nein						
6	Vorstand	Ja	Unmittelbare Versorgungszusage	1.628,00 €		31.200,00 €		

Nr.	Funktion	Altersvororge (Ja/Nein)	Art der Vorsorge (Direktversicherung/Unmittelbare Versorgungszusage/Direktzusage)	Aufwendungen/ Rückstellungszuführung KK	Erwartete Ablaufleistung	Ruhegeldanspruch erwartet p.a.	Anwartschaftswert 2014	Sonstiges
6	Stellvertreter	Ja	k.A.					
7	Vorstand	Nein						
7.01	Vorstand	Nein						
8	Vorstand	Ja	Direktversicherung	7.224,90 €				
8	Stellvertreter	Ja	Arbeitgeberseitige Zahlung mittelb. betriebl. AV in 2015	7.434,00 €				
9	Vorstand	Ja	Direktversicherung	40.386,00 €	3.580,00 €			
9	Stellvertreter	Ja	k.A.					
10	Vorstand	Ja	Direktversicherung	12.990,00 €	1.105,00 €			
10	Stellvertreter	Ja	Arbeitgeberseitige Zahlung mittelb. betriebl. AV in 2015	2.614,80 €	250,00 €			
11	Vorstand	Ja	Direktversicherung	5.862,00 €				
11	Stellvertreter	Ja	Arbeitgeberseitige Zahlung mittelb. betriebl. AV in 2015	3.533,80 €	750,00 €			
12	Stellvertreter	Nein						
12	Vorstand	Nein						
13	Vorstand	Ja	Direktzusage; beitragsorien-		2.400,00 €			

Nr.	Funktion	Altersvorsorge (Ja/Nein)	Art der Vorsorge (Direktversicherung/Unmittelbare Versorgungszusage/Direktzusage)	Aufwendungen/ Rückstellungszuführung KK	Erwartete Ablaufleistung	Ruhegeldanspruch erwartet p.a.	Anwartschaftswert 2014	Sonstiges
			tierte Leistungszusage					
13	Stellvertreter	Ja	Unmittelbare Versorgungszusage			13.464,00 €	1.634,00 €	
14	Vorstand	Ja	Direktversicherung	2.250,00 €				
14	Stellvertreter	Ja	Unmittelbare Versorgungszusage; Rückstellung 2013-2014	2.000,00 €		4.370,00 €	3.000,00 €	
15	Vorstand	Ja	Direktversicherung	1.742,48 €				
15	Stellvertreter	Nein						
16	Vorstand	Ja	Direktzusage; Versorgungsanwartschaft			10.055,00 €	6.848,64 €	
16	Stellvertreter	Ja	Unmittelbare Versorgungszusage			10.216,56 €	4.291,44 €	
1 /	Vorstand	Ja	Direktversicherung	9.858,00 €	950,00 €			
17	Stellvertreter	Ja	Arbeitgeberseitige Zahlung mittelb. betriebl. AV in 2015	3.428,00 €				
18	Vorstand	Ja	Direktversicherung	1.718,16 €				
18	Stellvertreter	Ja	Arbeitgeberseitige Zahlung mittelb. betriebl. AV	300,00 €				

Nr.	Funktion	Altersvororge (Ja/Nein)	Art der Vorsorge (Direktversicherung/Unmittelbare Versorgungszusage/Direktzusage) in 2015	Aufwendungen/Rückstellungszuführung KK	Erwartete Ablaufleistung	Ruhegeldanspruch erwartet p.a.	Anwartschaftswert 2014	Sonstiges
19	Vorstand	Ja	Direktversicherung	5.418,00 €				
19	Stellvertreter	Ja	Arbeitgeberseitige Zahlung mittelb. betriebl. AV in 2015	4.132,00 €				
20	Vorstand	Ja	Direktversicherung	1.000,00 €				
20	Stellvertreter	Nein						
21	Vorstand	Ja	Direktversicherung	4.577,32 €	378,39 €			
21.01	Vorstand	Ja	Direktversicherung	4.012,18 €	1.109,25 €			
22	Vorstand	Ja	Direktzusage; beitragsorientierte Leistungszusage					
22.01	Vorstand	Ja	Direktzusage; beitragsorientierte Leistungszusage					
22.02	Vorstand	Ja	Direktversicherung	5.541,91 €				
23	Stellvertreter	Ja	Direktzusage	3.218,95 €				
23	Vorstand	Nein						
24	Vorstand	Ja	Direktzusage	13.380,00 €	851,00 €			
24.01	Vorstand	Ja	Direktzusage	11.580,00 €	706,00 €			
25	Vorstand	Ja	Direktzusage	4.817,00 €		24.431,00	10.872,00	

Nr.	Funktion	Altersvororge (Ja/Nein)	Art der Vorsorge (Direktversicherung/Unmittelbare Versorgungszusage/Direktzusage)	Aufwendungen/Rückstellungszuführung KK	Erwartete Ablaufleistung	Ruhegeldanspruch erwartet p.a.	Anwartschaftswert 2014	Sonstiges
			Versorgungsanwartschaft;			€	€	
25	Stellvertreter	Ja	Keine mittelbare Durchführung; k.A zum Durchführungsweg Ruhegeld			5.352,00 €	3.672,00 €	
26	Stellvertreter	entfällt						
26	Vorstand	Nein						
27	Stellvertreter	Ja	Direktversicherung	6.366,00 €	911,50 €			
27	Vorstand	Nein						
28	Stellvertreter	Nein						
28	Vorstand	Nein						
29	Vorstand	Ja	Direktversicherung	8.118,00 €	974,39 €			
29	Stellvertreter	Ja	Arbeitgeberseitige Zahlung mittelb. betriebl. AV in 2015	613,44 €	6,32 €			
30	Vorstand	Ja	Direktversicherung	6.619,00 €				
30	Stellvertreter	Ja	k.A.					
31	Vorstand	Ja	Direktversicherung	9.000,00 €	620,00 €			
31	Stellvertreter	Ja	Arbeitgeberseitige Zahlung mittelb. betriebl. AV	4.358,00 €				

Nr.	Funktion	Alters-vor-orge (Ja/ Nein)	Art der Vor-sorge (Di-rektversi-cherung/Un-mittel-bare Versor-gungszu-sage/Direkt-zusage) in 2015	Aufwen-dungen/ Rück-stellungs-zuführung KK	Erwartete Ablauf-leistung	Ruhe-geld-an-spruch er-wartet p.a.	Anwart-schafts-wert 2014	Sons-tiges
32	Vorstand	Ja	Direktversi-cherung	4.439,00 €				
32	Stellver-treter	Ja	Arbeitgeber-seitige Zah-lung mittelb. betriebl. AV in 2015	3.611,93 €				
33	Vorstand	Ja	Direktversi-cherung	5.696,00 €	389,17 €			
33	Stellver-treter	Ja	k.A.					
34	Vorstand	Ja	Direktversi-cherung, Daten nur für 2016 (3.000 EUR Prämie)					
34	Stellver-treter	Ja	Arbeitgeber-seitige Zah-lung mittelb. betriebl. AV in 2015	1.155,00 €				
35	Vorstand	Ja	Direktversi-cherung	4.968,00 €	349,01 €			
35	Stellver-treter	Ja	Arbeitgeber-seitige Zah-lung mittelb. betriebl. AV in 2015	4.200,00 €	386,26 €			
36	Vorstand	Nein						
37	Vorstand	Ja	Direktversi-	2.400,00 €	330,00 €			

Nr.	Funktion	Altersvorsorge (Ja/Nein)	Art der Vorsorge (Direktversicherung/Unmittelbare Versorgungszusage/Direktzusage)	Aufwendungen/ Rückstellungszuführung KK	Erwartete Ablaufleistung	Ruhegeldanspruch erwartet p.a.	Anwartschaftswert 2014	Sonstiges
37	Stellvertreter	Ja	Unmittelbare Versorgungszusage; Versorgungsanwartschaft			28.000,00 €	15.000,00 €	
38	Vorstand	Ja	Direktzusage			27.293,88 €	18.478,30 €	
38	Stellvertreter	Ja	k.A.					
39	Vorstand	Ja	Direktversicherung	3.500,00 €				
39	Stellvertreter	Ja	mittelbare betriebliche AVZ einmalig in 2008 gezahlt		300,00 € mtl. oder 50.000 € Einmalzahlung			
40	Vorstand	Ja	Direktzusage					
40	Stellvertreter	Ja	Unmittelbare Versorgungszusage			50.000,00 €		
41	Vorstand	Ja	Direktversicherung + Unterstützungskasse (2x)	2.148,12 €				..294,8 € 9.549,09 €
41	Stellvertreter	Ja	Arbeitgeberseitige Zahlung mittelb. betriebl. AV in 2015	4.782,24 €				
42	Vorstand	Ja	Direktversicherung	10.900,00 €				
42	Stellver	Ja	Arbeitgeber	1.533,87 €				

Nr.	Funktion	Altersvororge (Ja/ Nein)	Art der Vorsorge (Direktversicherung/Unmittelbare Versorgungszusage/Direktzusage)	Aufwendungen/ Rückstellungszuführung KK	Erwartete Ablaufleistung	Ruhegeldanspruch erwartet p.a.	Anwartschaftswert 2014	Sonstiges
	treter		seitige Zahlung mittelb. betriebl. AV in 2015					
43	Vorstand	Ja	Direktversicherung	16.151,88 €				
43	Stellvertreter	Ja	Arbeitgeberseitige Zahlung mittelb. betriebl. AV in 2015	2.902,68 €	967,64 €			
44	Vorstand	Ja	Direktzusage; Versorgungsanwartschaft; Rückstellungen 2013-2014	24.702,62 €		46.981,31 €	33.632,52 €	
44	Stellvertreter	Ja	Direktzusage in anderer Form; Rückstellungen 2013-2014	5.688,24 €		13.670,04 €	6.992,16 €	
45	Vorstand	Ja	Direktversicherung	14.042,64 €	649.764,00 €			
45	Stellvertreter	Ja	k.A.					
45.0 1	Vorstand	Ja	Direktversicherung	22.449,63 €	649.691,00 €			
46	Vorstand	Ja	Unmittelbare Versorgungszusage Beitragsorientierte Leistungszusage		2.352,00 €		334,07 €	
46	Stellver-	Ja	Unmittelbare				290,94 €	

Nr.	Funktion	Alters-vor-orge (Ja/Nein)	Art der Vorsorge (Direktversi-cherung/Un-mittel-bare Versor-gungszu-sage/Direkt-zusage)	Aufwen-dungen/ Rück-stellungs-zuführung KK	Erwartete Ablauf-leistung	Ruhe-geld-an-spruch er-wartet p.a.	Anwart-schafts-wert 2014	Sons-tiges
	treter		Versorgungs-zusage					
47	Vorstand	Ja	Unmittelbare Versorgungs-zusage Bei-tragsorientierte Leistungszusa-ge; Rückstel-lungszufüh-rung 2013-2014	41.670,00 €		24.000,00 €	15.911,16 €	BSAV 258.023,98 Kapitalstand
47.0 1	Vorstand	Ja	Unmittelbare Versorgungs-zusage Bei-tragsorientierte Leistungszusa-ge; Rückstel-lungszufüh-rung 2013-2014	70.482,00 €		39.600,00 €	37.209,00 €	BSAV 219.440,52 Kapitalstand
48	Vorstand	Ja	Direktversi-cherung	4.432,56 €	1.000,00 €			
48	Stellver-treter	Ja	Direktversi-cherung	3.367,20 €				
49	Vorstand	Ja	Direktzusage			46.588,80 €		
49.0 1	Vorstand	Ja	Direktversi-cherung	33.615,00 €				
50	Vorstand	Ja	Direktversi-cherung	6.532,68 €	135.000,00 €			
50	Stellver-treter	Ja	Arbeitgeber-seitige Zah-lung mittelb. betriebl. AV in 2015	5.040,00 €				

Anhang 7: Dienstwagenregelungen

Antworten auf die Frage nach der Inanspruchnahme der Dienstwagenregelungen

a)   sog. 1% Regelung, also zu versteuernder entgeltwerter Vorteil für die Privatnutzung

b)   jährlich EUR ____

c)   Leasingrate der Krankenkasse für den Dienstwagen: jährlich EUR ____

d)   geschätzter Anteil des dienstlichen Gebrauchs: jährlich ____ % der gefahrenen Km.

Erstes Beispiel:

a) ohne 0,03-Regelung, da nicht abgefragt

b) EUR 5.021,04

c) EUR 10.299,84

d) ca. 50%

Zweites Beispiel:

a) --

b) EUR 5.856,00

c) EUR 8.169,00

d) pauschaler Nutzungswert p.a. EUR 3.864,96

Drittes Beispiel:

a) –

b) EUR 9.000,00 als Abgeltung für nicht genutzten Dienstwagen

c) –

d) –

Viertes Beispiel:

a) Der Vorstand hat die sog. 1% Regelung zu bezahlen. Damit entfällt dieser geldwerte Vorteil.

b) Jährlicher Eigenanteil EUR 891,13 x 12 Monate

c) EUR 16.465,36; davon KFZ-Kosten EUR 14.550,17, Tankkosten EUR 2.015,19

d) –

Fünftes Beispiel:
a) –
b) EUR 12.000,00
c) EUR 7.052,00
d) 60%

Anhang 8: Fragenbogen

Die Daten werden pseudonymisiert erhoben, d. h. weder unserem Auftraggeber noch sonst einem Dritten wird es möglich sein, einen persönlichen Bezug zu Ihren Daten und Ihnen herzustellen. Ihre Angaben werden nicht personenbezogen gespeichert. Im Rahmen der Auswertung werden die erhobenen Daten allein in ihrem rechtlichen und ökonomischen Kontext analysiert.

Teil A   Informationen zur Krankenkasse

1. Zahl der Mitglieder Ihrer Krankenkasse am 01.12.2015: _____

2. Zahl der Versicherten Ihrer Krankenkasse am 01.12.2015: _____

3. Zahl der Beschäftigten Ihrer Krankenkasse (Teilzeitkräfte in Vollzeitkräfte umgerechnet) am 31.12.2015: _____

4. Anzahl der Arbeitgeberkonten am 01.12.2015: _____

5. Wie viele Versicherte betreut bei Ihnen ein Mitarbeiter der Krankenkasse (Betreuungsschlüssel) am 31.12.2015: _____

6. Verwaltungskosten pro Versicherten in 2015: EUR _____

7. Leistungsausgaben pro Versicherten in 2015: EUR _____

8. Ist ihre Krankenkasse in mehr als einem Bundesland tätig?

    ☐ Ja   ☐ Nein

    Falls ja: in _____ Bundesländern und mit insgesamt _____ Geschäftsstellen, Kundenzentren oder ähnlichen Einrichtungen.

Teil B   Informationen zur Vorstandstätigkeit

9. Sind Sie Alleinvorstand?   ☐ Ja   ☐ Nein

    Falls ja: Seit wann? _____
    Falls nein: Der Vorstand Ihrer Krankenkasse besteht aus _____ Personen.

10. Sind Sie Vorstandsvorsitzender?   ☐ Ja   ☐ Nein

    Falls ja: Seit wann? _____

11. Ihre erste Amtszeit als Vorstand begann am _____

12. Sie sind in der __ten Amtsperiode; die laufende Amtsperiode begann am _____ und wird am _____ enden.

13. Ihr aktueller Vorstandsvertrag wurde am _____ abgeschlossen.

    Mit Zustimmung des BVA: ☐ Ja   ☐ Nein

14. Sind Sie im Zusammenhang mit Ihrer Vorstandstätigkeit zugleich als Mitglied in Aufsichts-, Verwaltungsräten, Beiräten und/oder in anderen Funktionen tätig?

    ☐ Ja   ☐ Nein

    Falls ja: Werden diese Tätigkeiten gesondert vergütet?

    ☐ Ja   ☐ Nein

    Falls ja:
       o Wie hoch ist hierfür die Gesamtvergütung? jährlich EUR _____
          brutto.

o   Hiervon sind auf die Vorstandsvergütung anrechenbar:
EUR _____ brutto.

15. Enthält Ihr Vertrag Regeln für den Fall der vorzeitigen Beendigung, z B. bei
Fusionen Ihrer Krankenkasse oder ähnlichen Vorgängen?

☐ Ja   ☐ Nein

Falls ja: Welche?

_____

_____

Werden in diesem Fall Vergütungen zu Ihren Gunsten fällig?

☐ Ja   ☐ Nein

Falls ja: In welcher Höhe? EUR _____

16. Enthält Ihr Vertrag ein Wettbewerbsverbot für den Fall der Vertragsbeendigung?

☐ Ja   ☐ Nein

17. Bei Beendigung Ihres Vorstandsverhältnisses erhalten Sie:

a.   Übergangsgeld in Höhe von _____ % des _____
[z. B. ergänzen: letzten festen Bruttomonatsgehalts] ab vollendetem _____.
Lebensjahr und für die Dauer von _____ Jahren bzw. bis
_____ *[z. B. ergänzen: frühestmöglichen Bezug einer
Altersrente]*;

b.   Abfindung in Höhe von EUR _____ brutto
ggf. zu ergänzen: maximal in Höhe von _____.

c.   eine Anschlussbeschäftigung/Rückkehrrecht

☐ Ja   ☐ Nein

d.   Sonstiges (z. B. fortwährende Nutzung eines Büros):

_____ .

Teil C   Informationen zur Vorstandsgesamtvergütung

18. Fest vereinbarte Zahlungen/Festgehalt p. a. (inkl. Mindest-Tantieme, Ur-
     laubs-/Weihnachtsgeld, feste Sonderzahlungen, vermögenswirksame Leis-
     tungen etc.):
     o   in 2015 gezahlt: EUR _____ brutto
     o   für 2016 vereinbart: EUR _____ brutto
     o   für 2017 vereinbart: EUR _____ brutto

19. Variable Vergütungen (z. B. Boni, Tantieme etc., ohne fest vereinbarte
     Mindest-Tantieme im Sinne von Ziffer 18)

a.   An variabler Vergütung wurde tatsächlich gezahlt:
     o   in 2013 (für 2012):   EUR _____ brutto
     o   in 2014 (für 2013):   EUR _____ brutto
     o   in 2015 (für 2014):   EUR _____ brutto

b.   Vereinbarter Höchst- und Mindestbetrag der variablen Vergütung:

	Mindestbetrag	Höchstbetrag
für 2012	EUR _____ brutto	EUR _____ brutto
für 2013	EUR _____ brutto	EUR _____ brutto
für 2014	EUR _____ brutto	EUR _____ brutto
für 2015	EUR _____ brutto	EUR _____ brutto
für 2016	EUR _____ brutto	EUR _____ brutto

20. Haben Sie eine betriebliche Altersversorgungszusage?

     ☐ Ja   ☐ Nein

Falls ja:

c. Direktversicherung

Prämie/Zahlung der Krankenkasse (als Arbeitgeber) in eine Direktversicherung von Ihnen bzw. in eine Pensionskasse, einen Pensionsfonds oder eine Unterstützungskasse:

- o Prämie in 2013: EUR _____ brutto
- o Prämie in 2014: EUR _____ brutto
- o Prämie in 2015: EUR _____ brutto
- o Prämie in 2016: EUR _____ brutto

und erwartete Ablaufleistung zum Renteneintrittsalter: EUR _____

mtl. bzw. Einmalzahlung EUR _____

d. Unmittelbare Versorgungszusage/Direktzusage

- o Sie haben seitens der Krankenkasse eine unmittelbare Versorgungszusage für Ihre Vorstandstätigkeit und erhalten danach ein Altersruhegeld ab

Vollendung des ____. Lebensjahres

in Höhe von ____ % des _____ [z. B. ergänzen: letzten festen Bruttomonatsgehalts]

oder

- o betragsorientierte Leistungszusage: EUR _____
- o der Wert meiner Versorgungsanwartschaft beträgt:

zu erwartender Ruhegeld-Anspruch p.a.: EUR _____;

bereits bis 2014 erworbene Anwartschaft: EUR _____;

Rückstellungszuführung 2013-2014: EUR _____

(soweit vorhanden: Werte laut letztem versicherungsmathematischen Gutachten im Sinne des § 171e SGB V)

21. Dienstwagen

a. zu versteuernder entgeltwerter Vorteil für die Privatnutzung (sog. 1 %-Regelung):

b. jährlich EUR _____

c. Leasingrate der Krankenkasse für den Dienstwagen: jährlich
    EUR _____

d. Geschätzter Anteil Ihres dienstlichen Gebrauchs: jährlich _____ % der
    gefahrenen Km.

Teil D   Informationen zur unmittelbar nachgeordneten Führungsebene

22. Stellvertreter des Vorstands (nur bei Alleinvorstand)

a. Jährliche Gesamtvergütung inkl. variabler Vergütung, entgeltwerter Vor-
    teil/Dienstwagen etc. am 31.12.2015:   EUR _____ brutto.

b. Hat der Stellvertreter eine betriebliche Altersversorgungszusage?

    ☐ Ja   ☐ Nein

    Falls ja:

            aa)   Arbeitgeberseitige Zahlung in eine Form der mittelbaren
                   betrieblichen Altersversorgung in 2015, z.B. eine Direkt-
                   versicherung: jährlich EUR _____
                   und erwartete Ablaufleistung zum Renteneintrittsalter:
                   EUR _____ p.a.

            bb)   Es besteht eine unmittelbare Versorgungszusage der
                   Krankenkasse, die dem Grunde nach mit der Versor-
                   gungszusage gegenüber einem Vorstandsmitglied ver-
                   gleichbar ist.

                   ☐ Ja   ☐ Nein

                   Falls ja: der Wert dieser Versorgungsanwartschaft be-
                   trägt:
                   ▪ zu erwartender Ruhegeld-Anspruch p.a.: EUR
                     _____;
                   ▪ bereits bis 2014 erworbene Anwartschaft: EUR
                     _____;
                   ▪ Rückstellungszuführung 2013-2014: EUR
                     _____

(soweit vorhanden: Werte laut letztem versicherungsmathematischen Gutachten im Sinne des § 171e SGB V)

23. Weitere Führungskräfte direkt unterhalb der Vorstandsebene (z. B. Haupt-/Abteilungsleiter)

a. Anzahl: _____

b. Jährliche Gesamtvergütung inkl. variabler Vergütung, entgeltwerter Vorteil/Dienstwagen etc. in 2015 *(bei mehr als 4 Personen: in einer Anlage gesondert auflisten)*:

   o   Führungskraft 1: EUR _____ brutto
   o   Führungskraft 2: EUR _____ brutto
   o   Führungskraft 3: EUR _____ brutto
   o   Führungskraft 4: EUR _____ brutto

c. Hat eine dieser Führungskräfte eine betriebliche Altersversorgungszusage?

   ☐ Ja   ☐ Nein

   Falls ja:

   aa) Arbeitgeberseitige Zahlung in eine Form der mittelbaren betrieblichen Altersversorgung in 2015, z. B. in eine Direktversicherung *(bei mehr als 4 Personen: in einer Anlage gesondert auflisten)*:

   •   Führungskraft 1: jährlich EUR _____ brutto
       und erwartete Ablaufleistung zum Renteneintrittsalter:
       EUR _____ mtl. bzw. Einmalzahlung EUR _____

   •   Führungskraft 2: jährlich EUR _____ brutto
       und erwartete Ablaufleistung zum Renteneintrittsalter:
       EUR _____ mtl. bzw. Einmalzahlung EUR _____

   •   Führungskraft 3: jährlich EUR _____ brutto
       und erwartete Ablaufleistung zum Renteneintrittsalter:
       EUR _____ mtl. bzw. Einmalzahlung EUR _____

   •   Führungskraft 4: jährlich EUR _____ brutto
       und erwartete Ablaufleistung zum Renteneintrittsalter:
       EUR _____ mtl. bzw. Einmalzahlung EUR _____

bb) Es besteht eine unmittelbare Versorgungszusage der Krankenkasse, die dem Grunde nach vergleichbar mit der Versorgungszusage gegenüber einem Vorstandsmitglied ist:

      ☐ Ja   ☐ Nein

Falls ja: der Wert dieser Versorgungsanwartschaft beträgt:

- Führungskraft 1:
  - zu erwartender Ruhegeld-Anspruch p.a.: EUR _____;
  - bereits bis 2014 erworbene Anwartschaft: EUR _____;
  - Rückstellungszuführung 2013-2014: EUR

    _____.

  (soweit vorhanden: Werte laut letztem versicherungsmathematischen Gutachten im Sinne des § 171e SGB V)

- Führungskraft 2:
  - zu erwartender Ruhegeld-Anspruch p.a.: EUR _____;
  - bereits bis 2014 erworbene Anwartschaft: EUR _____;
  - Rückstellungszuführung 2013-2014: EUR _____.
  (soweit vorhanden: Werte laut letztem versicherungsmathematischen Gutachten im Sinne des § 171e SGB V)

- Führungskraft 3:
  - zu erwartender Ruhegeld-Anspruch p.a.: EUR _____;
  - bereits bis 2014 erworbene Anwartschaft: EUR _____;
  - Rückstellungszuführung 2013-2014: EUR _____.
  (soweit vorhanden: Werte laut letztem versicherungsmathematischen Gutachten im Sinne des § 171e SGB V)

- Führungskraft 4:
  - zu erwartender Ruhegeld-Anspruch p.a.: EUR _____;
  - bereits bis 2014 erworbene Anwartschaft: EUR _____;
  - Rückstellungszuführung 2013-2014: EUR __ _____.
  (soweit vorhanden: Werte laut letztem versicherungsmathematischen Gutachten im Sinne des § 171e SGB V)

(bei mehr als 4 Personen in einer Anlage gesondert auflisten)

Teil II:

Vergütungskodex für Krankenkassenvorstände in der Fassung vom 21. Februar 2018

Christian Hilbrandt, Uwe Bratje, Albrecht Ehlers, Bettina Muttelsee-Schön, René Scheer, Erich Balser, Frank Plate, Franz Knieps, Siegfried Gänsler, Ute Schrader, Gertrud Demmler, Wolfgang Matz, Berthold Maier, Ingo Kailuweit

Vorwort zu Teil II

Die aus dem Kreis der Krankenkassen initiierte Arbeitsgruppe legt hiermit nach knapp zehnmonatigen Beratungen den Vergütungskodex für Krankenkassenvorstände vor. Dieser Vergütungskodex wurde vor seiner Finalisierung und Veröffentlichung Krankenkassenverbänden und dem Bundesversicherungsamt (als zuständiger Aufsichtsbehörde für die Mehrzahl der Krankenkassen in Deutschland) zur Stellungnahme zugeleitet. Das Ziel, über das Bundesversicherungsamt alle Aufsichtsbehörden in dieses Prozedere einzubeziehen, konnte nicht erreicht werden. Die Arbeitsgruppe hat alle Anregungen und Empfehlungen, die bei ihr bis zur letzten Sitzung in Berlin am 21. Februar 2018 eingingen, in ihre Schlussberatung einbezogen, und ist nach ihrer Einschätzung diesen Anregungen und Empfehlungen im Wesentlichen gefolgt, jedoch hat sie nicht alle Anregungen und Empfehlungen übernommen.

Dieser Vergütungskodex gründet auf dem derzeit in Deutschland geltenden Recht.

Der Gesetzgeber hat sich bei Einführung des Angemessenheitsgebotes in § 35a Abs. 6a SGB IV auf die Vorgabe des rechtlichen Rahmens beschränkt und damit den Akteuren der Gesetzlichen Krankenversicherung die Möglichkeit eröffnet, in einem Akt der Selbstverwaltung einen Vergütungskodex vorzuschlagen, der anerkannte Standards zur guten, transparenten und verantwortungsvollen Festlegung der Angemessenheit der Vorstandsvergütung von Krankenkassenvorständen enthält.

Auch dort, wo dieser Vergütungskodex geltendes Recht beschreibt, ist sein vorrangiges Ziel, Orientierungsrahmen für die Verwaltungsräte und Vorstände bei der Festlegung einer angemessenen Vorstandsvergütung zu sein. Daher gibt er dem Ziel leichter Verständlichkeit und praktischer Handhabbarkeit den Vorrang vor juristischer Präzision, und erhebt nicht den Anspruch, die geltende Rechtslage umfassend und in allen Details darzustellen.

Nach Meinung der Arbeitsgruppe zeigt die Unsicherheit bei nahezu allen Akteuren der Gesetzlichen Krankenversicherung einschließlich der dazu geführten Rechtsstreitigkeiten, dass die Entwicklung eines gemeinsamen Standards nicht nur sinnvoll, sondern notwendig ist. Arbeitsergebnisse und sog. Arbeitspapiere der Aufsichtsbehörden können dies nicht leisten. Die Arbeitsgruppe verbindet mit diesem Vergütungskodex daher auch die Hoffnung, dass

der in ihr gebündelte Sachverstand zur Streitschlichtung und zukünftigen Streit-
vermeidung beiträgt. Insbesondere die Vertreter der Verwaltungsräte in der Arbeitsgruppe, die sowohl der Arbeitnehmer- als auch der Arbeitgeberseite ent-
stammen und daher die Sozialpartner in der GKV repräsentieren, haben neben
ihren Erfahrungen und Kenntnissen aus der (ehrenamtlichen) Tätigkeit in der
Selbstverwaltung ihre weit darüber hinaus reichenden beruflichen Kenntnisse
und Erfahrungen eingebracht und für eine Ausgewogenheit dieses Vergütungskodex gesorgt.

Hamburg   Dr. Christian Hilbrandt

1 Leitfaden zur Bestimmung der Angemessenheit der Vorstandsvergütung von Krankenkassenvorständen

1.1 Präambel

Dieser Vergütungskodex zur Bestimmung der Angemessenheit der Vorstandsvergütung von Krankenkassenvorständen resultiert als Ergebnis aus mehreren ganztägigen Sitzungen der Arbeitsgruppe über einen Zeitraum von knapp 10 Monaten sowie Gesprächen mit Krankenkassenverbänden. Diese Arbeitsgruppe wurde aus dem Kreis der Träger der Selbstverwaltung d.h. Arbeitnehmer- und Arbeitgebervertretern in den Verwaltungsräten und damit Repräsentanten der Sozialpartner in der GKV, den Vorständen verschiedener Krankenkassen, einem Verbandsvertreter und einem Vertreter der Aufsichtsbehörden gebildet und repräsentiert damit die Akteure der Gesetzlichen Krankenversicherung. Der Vertreter der teilnehmenden Aufsichtsbehörde hatte hierbei eine beratende Funktion. Koordiniert und federführend mitgewirkt hat des Weiteren der Vertreter einer auf Krankenkassen-Themen spezialisierten Anwaltskanzlei. Die Arbeitsgruppe hat sich aufgrund eines Auftrags aus dem Kreis der Krankenkassen konstituiert, um Standards zur Bestimmung der Angemessenheit der Vorstandsvergütung von Krankenkassenvorständen festzuhalten und weiter zu entwickeln.

Die Arbeitsgruppe wird diesen Vergütungskodex vor dem Hintergrund der Erfahrungen und Entwicklungen mit der Angemessenheitsbeurteilung des § 35a Abs. 6a SGB IV in der Regel jährlich überprüfen und fortschreiben. Diese jährliche Anpassungsprüfung des Vergütungskodex entspricht dem Standard, wie er z.B. in den Public Corporate Governance Kodizes und Deutschen Corporate Governance Kodex wiederzufinden ist.

Die Vorgaben des Public Corporate Governance Kodex des Bundes, der auf bundesunmittelbare Krankenkassen anwendbar ist (als juristische Personen des öffentlichen Rechts), soweit gesetzliche Vorgaben nicht entgegenstehen (vgl. dort Teil A Ziffer 1.3 UAbs. 5 in Verb. mit Ziffer 4.3), wurden beachtet und konkretisiert; entsprechend gilt dies für Vorgaben zu landesunmittelbaren Kran-

© Springer Fachmedien Wiesbaden GmbH, ein Teil von Springer Nature 2019
C. Hilbrandt und K.-D. Henke, *Von der Beamtenbesoldung zum Vergütungskodex*,
https://doi.org/10.1007/978-3-658-26550-2_4

kenkassen (vgl. z.B. Ziffer 1.2.1 lit. b in Verb. mit Ziffer 4.3 des Public Corporate Governance Kodex des Landes Nordrhein-Westfalen).

Vorstände von Krankenkassen werden auf eine bestimmte Dauer bestellt, maximal für sechs Jahre (§ 35a Abs. 3 S. 2 SGB IV). Daher ist (als Annex) auch nur der Abschluss eines entsprechend befristeten Dienstvertrages zulässig. Diese Vorstandsfunktion ist eine komplexe Manager- und Führungsfunktion. In tatsächlicher Hinsicht hat der Vorstand damit nicht nur die „klassischen Aufgaben" der Führung einer Krankenkasse, z.B. in den Bereichen Finanzen und Steuern, Personalführung, Controlling und Revision, IT, Marketing und Kommunikation, Organisations- und Prozessgestaltung, zu erfüllen. Er hat sich überdies mit den krankenkassenspezifischen Regulierungs- und Rechtsfragen zu befassen, wie z.B. der Zusammenarbeit mit den Aufsichtsbehörden; ferner den Haftungsverbund auf Kassenebene mitzugestalten; Korruptions- und Datenschutz zu gewährleisten; sowie die Vorgaben der BSI-KritisV zu beachten (bei Krankenkassen über 3 Mio. Versicherten). Zudem sind die Vorgaben aus den verschiedensten Rechtsgebieten bei der täglichen Arbeit zu beachten, wie z.B. dem Sozialversicherungsrecht, Unternehmensrecht, Wettbewerbs- und Kartellrecht, zwischenstaatlichem Versicherungs- und Leistungsrecht sowie dem Vollstreckungs- und Insolvenzrecht.

Der Vorstand einer Krankenkasse trägt die Verantwortung für die Ausgestaltung der Wettbewerbsparameter wie z.B. Preis (Zusatzbeitragssatz), Leistungskatalog (Satzungs-, Zusatz- oder Wahlleistungen), Service und Image. Der Vorstand hat die Verantwortung für die versorgungspolitische Ausrichtung seiner Krankenkasse, den Abschluss von Selektivverträgen im Rahmen der besonderen Versorgungsformen und der Qualitätsverträge mit Krankenhäusern sowie für Verhandlungen mit anderen Teilnehmern des Gesundheitsmarktes (z.B. bei Arznei- und Heilmittelverträgen). Die Kompetenzen des Vorstands einer Krankenkasse unterscheiden sich damit deutlich von den Leitungsfunktionen bei den Trägern der Sozialversicherung in den übrigen Zweigen (Renten, Arbeitslosen- und Unfallversicherung). Aufgabenprofil und Tätigkeitsfeld von Vorständen der Krankenkassen sind auch nicht mit (verbeamteten) Behördenleitern vergleichbar. Insbesondere durch die vorangehend genannten krankenkassenspezifischen Tätigkeiten sowie durch die wettbewerbliche Ausrichtung der GKV und die versorgungspolitische Ausgestaltung der Beziehungen zwischen Krankenkassen und Leistungserbringern unterscheiden sich die Tätigkeiten grundlegend.

Die vorgenannten Aufgaben eines Krankenkassenvorstands, der zugleich Vorstand der jeweiligen Pflegekasse ist und dafür keine gesonderte Vergütung erhält, sind folglich eng verknüpft mit den gestiegenen versorgungspolitischen, gesundheitswirtschaftlichen und gesellschaftlichen Aufgaben der GKV als Teil eines Gesundheitsmarktes. Dieser Gesundheitsmarkt ist komplex, und birgt Chancen sowie Risiken in sich (einschließlich der damit verbundenen persönlichen Haftung des handelnden Vorstandsmitglieds bei Fehlentscheidungen). Für die gesundheitspolitische Gestaltung der Gesundheitsversorgung braucht man Ziele und Kriterien einer bedarfsgerechten und kostengünstigen Versorgung der Bevölkerung durch die GKV, die auch im Kontext der OECD-Vergleiche eine zunehmende Rolle spielen. Krankenversorgung und gesundheitliche Betreuung der Bevölkerung ist Teil der Gesundheitswirtschaft, die einen maßgeblichen Anteil an Beschäftigung, Wertschöpfung, Export und dem Beitrag zur Staatsfinanzierung hat. Die Gesundheitswirtschaft trägt rund 12% zum deutschen Bruttoinlandsprodukt (BIP) bei (Betrachtungszeitraum 2016; Quelle: Gesundheitswirtschaft – Fakten und Zahlen, Ausgabe 2016, Hrsg. Bundesministerium für Wirtschaft und Energie, S. 2). Zudem sind die Vorstände im Hinblick auf den politisch gewollten Wettbewerb zwischen den Krankenkassen gefordert, diesen zu betreiben und zu intensivieren. Dieser Wettbewerb ist für den Marktverbleib der einzelnen Krankenkasse von entscheidender Bedeutung, wird sie ihm nicht gerecht, so hat dies existenzielle Bedeutung für diese Krankenkasse. Die Verantwortung für all dies trägt letztlich der Vorstand, der die Krankenkasse leitet und damit hauptverantwortlich für Erfolg bzw. Misserfolg seiner Krankenkasse ist.

Damit einhergehend hat der Gesetzgeber eine Abkehr von den bis 1995 am Beamtenrecht orientierten Vergütungsregelungen vollzogen; der Gesetzgeber des Gesundheitsstrukturgesetzes (GSG) hat im Kompromiss von „Lahnstein" selbst die Loslösung der Vorstandsvergütung von der Beamtenbesoldung beschlossen und begründet. Er wollte die GKV bewusst für den allgemeinen Arbeitsmarkt der Unternehmensführung öffnen und Manager mit Erfahrungen von anderen Akteuren des Gesundheitswesens und aus anderen Wirtschaftsbranchen gewinnen. Dazu hat er die Anforderungen an die Qualifikationen für eine Bestellung zum Vorstand gegenüber der bisherigen Geschäftsführerposition bewusst verschärft. Zudem wurde die Stellung des Vorstands gegenüber dem Verwaltungsrat als einzigem Organ der ehrenamtlichen Selbstverwaltung gestärkt, so etwa in der alleinigen Vertretungsbefugnis der Krankenkasse nach außen. Diese Verantwortungsverlagerung wurde in den anderen Sozialversicherungszweigen nicht nach-vollzogen. Insofern ist es der ausdrücklich erklärte Wille des Gesetzgebers, dadurch die Management-Qualifikation der einzelnen Mitglieder des Vorstandes für ihren jeweils eigenverantwortlich zu leitenden Geschäftsbereich zu sichern und zugleich die Professionalisierung des Vorstandes in seiner Gesamtheit zu stärken.

Gleichzeitig ist unbestritten, dass die soziale Bindung der Gesetzlichen Krankenversicherung auch unmittelbar Auswirkung auf das Niveau der Vor-standsvergütungen haben muss. Ein Vergleich mit DAX-Vorständen und Unter-nehmen der Privatwirtschaft wäre deshalb nicht sinnvoll.

Dieser Vergütungskodex trägt den durch die Einführung des § 35a Abs. 6a SGB IV geänderten Rahmenbedingungen Rechnung. Er verdeutlicht die Aufgabe aller Akteure, eine im Einklang mit dem Gesetz stehende Lösung zur Bestim-mung der Angemessenheit von Vorstandsvergütungen der Krankenkassenvor-stände zu finden, und soll hierbei die Funktion übernehmen, Transparenz und Sicherheit im Umgang mit dieser Angemessenheitsbeurteilung zu schaffen. Ein-schlägige Rechtsprechung wurde, soweit vorhanden, bei Aufstellung der nach-folgenden Grundsätze berücksichtigt.

Dieser Vergütungskodex ist zum einen als Orientierungsrahmen für die Verwaltungsräte und Vorstände bei der Festlegung einer angemessenen Vor-standsvergütung gedacht, zum anderen als Hilfe für die Aufsichtsbehörden bei Erfüllung ihrer Aufgabe gemäß § 35a Abs. 6a SGB IV, und schließlich für die Sozialgerichtsbarkeit im Streitfall.

Es wird gegenüber der Praxis dringend empfohlen, dass der Verwaltungsrat einer jeden Krankenkasse bei Abschluss, Änderung oder Beendigung eines Vor-standsvertrages über die Anwendung und Einhaltung der in diesem Vergütungs-kodex aufgestellten Grundsätze, bzw. bei Abweichungen auch über deren Grün-de, berichtet und dieser Bericht des Verwaltungsrats von der Krankenkasse an-schließend in ihrem Geschäftsbericht veröffentlicht wird.

Insofern spricht die Arbeitsgruppe die Empfehlung aus, die in diesem Ver-gütungskodex festgelegten Grundsätze bei Abschluss, Änderung oder Beendi-gung eines Vorstandsvertrages zu beachten. Dabei werden im Text dieses Vergü-tungskodex – in Anlehnung an die Public Corporate Governance Kodizes und den Deutschen Corporate Governance Kodex – „Empfehlungen" durch die Ver-wendung des Wortes „soll" gekennzeichnet. Dies bedeutet, dass die Entschei-dungsträger hiervon abweichen können, dann aber verpflichtet sind, dies offenzulegen und zu begründen. Es ermöglicht dem Verwaltungsrat einer Krankenkasse die Berücksichtigung branchen- und/oder krankenkassenspezifischer Bedürfnisse. In diesem Sinne trägt der Vergütungskodex zur Transparenz, Flexibilisierung und Selbstregulierung bei. Ferner enthält der Vergütungskodex „Anregungen", von denen ohne Offenlegung abgewichen werden kann; hierfür verwendet der Vergütungskodex die Begriffe „sollte" oder „kann". Die übrigen sprachlich nicht so gekennzeichneten Teile des Vergütungskodex betreffen Bestimmungen, die als geltendes Gesetzesrecht von den Verwaltungsräten der Krankenkassen zu beachten sind.

1.2 Vergütungsbestandteile im Rahmen der Angemessenheitsbeurteilung

1. Im Vorstandsvertrag sollen folgende Vergütungsbestandteile bei Festlegung der Gesamtvergütung von Krankenkassenvorständen, jeweils unter Berücksichtigung der Umstände des Einzelfalls, vorgesehen und gemäß nachfolgender Ziffer 1.3 beurteilt werden:
   (1) Fixgehalt;
   (2) Variable Vergütung;
   (3) Anrechnung von Vergütungen aus Nebentätigkeiten während der Amtszeit des Vorstandsmitglieds;
   (4) Altersversorgung;
   (5) Übergangsgeld.

2. Darüber hinaus kommen insbesondere folgende Zusatzleistungen in Betracht, die sich an dem Standard der dazu üblichen Regelungen anderer Krankenkassen orientieren sollen:
   (1) Dienstwagen;
   (2) Versicherungen;
   (3) Jubiläumszuwendungen.

3. Bei Vertragsabschluss oder dessen Verlängerung kann eine Klausel in den Vorstandsvertrag aufgenommen werden, die für den Fall einer vorzeitigen Beendigung des Vorstandsvertrages ohne wichtigen Grund im Sinne des § 626 BGB eine Regelung zur Abfindung als Entschädigung für entge-

hende Einnahmen trifft. Dann soll dort ein sog. Abfindungs-Cap vereinbart werden (s. dazu nachfolgende Ziffer 1.8).

4. Kein Vergütungsbestandteil sind Abgaben, die die Krankenkasse aufgrund gesetzlicher Bestimmungen für das Vorstandsmitglied abzuführen hat. Diese Abgaben beruhen auf einer gesetzlichen Verpflichtung, sind keine Gegenleistung für die Vorstandstätigkeit und werden im Übrigen bei allen sozialversicherungspflichtig beschäftigten Arbeitnehmern abgeführt.

1.3 Kriterien für die Angemessenheitsbeurteilung

1. Bei der Festlegung der Angemessenheit der Vorstandsvergütung sind im Rahmen der gesetzlich maßgeblichen Kriterien (Aufgabenbereich, Größe und Bedeutung der jeweiligen Krankenkasse) insbesondere folgende Kriterien zu berücksichtigen:

(1) Größe und Bedeutung der Krankenkasse insbesondere gemessen an der Anzahl ihrer Mitglieder und Versicherten sowie der Anzahl ihrer Beschäftigten;

(2) Vergleich der Vergütung mit dem Anforderungsprofil an die jeweilige Vorstandsposition und den zu verantwortenden Organisationsbereich;

(3) Besonderes Anforderungsprofil an den Vorstand, z.B. aufgrund einer besonderen Lage der Krankenkasse (besondere wirtschaftliche Herausforderungen etc.);

(4) Organgröße: Alleinvorstand oder Kollegialorgan (Anzahl);

(5) Angemessener Abstand zur nächsten Führungsebene (sog. Abstandsgebot);

(6) Befristung der Verträge und das damit einhergehende wirtschaftliche Risiko für den einzelnen Vorstand bzw. Kandidaten;

(7) Zielmärkte, aus denen rekrutiert werden soll;

(8) Aufgabenbereiche und „Märkte" (z.B. sog. geöffnete oder geschlossene Krankenkasse, bundesweit geöffnet, etc.);

(9) Dynamisierung der Vorstandsvergütung entsprechend vergleichbarer Parameter.

2. Sämtliche Vergütungsbestandteile haben für sich und insgesamt angemessen zu sein.

3. Das Abstandsgebot im Sinne vorstehenden Abs. 1 UAbs. (5) ist so zu verstehen, dass das Verhältnis der Vorstandsvergütung zur Vergütung des nächsten Führungskreises zu berücksichtigen ist. In diesem Zusammenhang ist es Aufgabe des Verwaltungsrates festzulegen, welche Beschäftigten der Krankenkasse zum nächsten Führungskreis im Sinne dieses Abstandsgebots gehören. Zwischen der Vergütung des Vorstandes und des nächsten Führungskreises wird, im Sinne des Abstandsgebots, ein Abstand in einer Spanne von etwa 30 % bis 100 % als angemessen angesehen; die konkrete Festlegung dieser Spannbreite im jeweiligen Einzelfall hängt auch davon ab, auf welche Anzahl von Personen im Rahmen des nächsten Führungskreises die Aufgaben und Verantwortungen verteilt werden (d.h. je mehr Personen auf dieser Ebene tätig sind, umso mehr reduziert sich der Aufgaben- und Verantwortungsbereich des Einzelnen, mit der Folge, dass jener gegebenenfalls ein geringeres Gehalt erhält; bei wenigen Führungskräften in dieser Ebene kann genau das Gegenteil eintreten).

4. Den Verwaltungsräten steht ein Beurteilungsspielraum zu, der transparent und sachgerecht ausgeübt werden muss. Insbesondere soll bei Ausübung und Kontrolle dieses Beurteilungsspielraums des Verwaltungsrats (auch genannt: Einschätzungsprärogative) berücksichtigt werden, dass beim Rückgriff auf Vergleichswerte im Rahmen der Entscheidungsfindung diese vom Verwaltungsrat dokumentiert werden; es soll nur auf tatsächlich erhobene bzw. feststellbare Daten und Bandbreiten abgestellt werden, z.B. beim Abstandsgebot, „Marktvergleich" etc. Bei Ausübung des Beurteilungsspielraums des Verwaltungsrats kann die finale Festlegung der Gesamtvergütungshöhe sowohl innerhalb als auch oberhalb oder unterhalb dieser Bandbreiten liegen; es kommt jeweils auf die Besonderheiten des Einzelfalls an. Nur wenn der Aufwand für das einzelne Vorstandsmitglied und den Vorstand insgesamt dasjenige finanzielle Volumen ohne Sachgrund „deutlich überschreitet", das z.B. dem Abstandsgebot widerspricht und andere Krankenkassen für die Vergütung vergleichbarer Vorstände aufwenden, ist dies ein Verstoß gegen das Gebot der Angemessenheit der Vorstandsvergütung (analog der Rechtsprechung zum Gebot der Wirtschaftlichkeit und Sparsamkeit; vgl. zu jenem Gebot z.B. BSG, 18.07.2006, B 1 A 2/05 R;

BSG, 28.06.2000, B 6 KA 64/98 R, BeckRS 2000, 41349; BSG, 09.12. 1997, 1 RR 3/94, BeckRS 1997, 30004380).

1.4 Fixgehalt

Bei der Festlegung des Fixgehalts sind die besonderen Anforderungen an die Vorstandstätigkeit zu berücksichtigen. In dem Fixgehalt sollen sich insbesondere Größe und Bedeutung der Krankenkasse, Umfang des Aufgabenbereichs des Vorstandsmitglieds, etwaige individuelle Umstände des Vorstandsmitglieds (z.B. Know-how, Erfahrung, Ausbildung u.a.), Haftung und Befristung der Tätigkeit und die übrigen Kriterien gemäß vorangehender Ziffer 1.3 Abs. 1 widerspiegeln. Ferner soll sich die Angemessenheit daran orientieren, qualifizierte Führungskräfte im Sinne des § 35a Abs. 6 S. 1 SGB IV anzusprechen und zu gewährleisten, dass diese Personen die erforderlichen Management-Qualifikationen für ihren jeweils eigenverantwortlich zu leitenden Geschäftsbereich haben sowie zugleich die Professionalisierung des Vorstandes in seiner Gesamtheit stärken.

1.5 Variable Vergütung

Eine variable Vergütung soll Bestandteil der Gesamtvergütung sein. Bei Bestimmung der Angemessenheit der variablen Vergütung ist Folgendes zu berücksichtigen:

1. Der variable Vergütungsbestandteil soll nach oben und unten hin begrenzt sein (Ober- und Untergrenze). Eine Obergrenze von 30 % im Verhältnis zum Fixgehalt sollte nicht überschritten werden, sowie eine Untergrenze von 10 % nicht unterschritten (jeweils auf Basis der Annahme einer 100%igen Zielerreichung).

2. Die variable Vergütung soll sowohl positiven als auch negativen Entwicklungen Rechnung tragen.

3. Bei der Bestimmung der Höhe der variablen Vergütung sollen die jeweils im Einzelfall vorliegenden kassenspezifischen Standards berücksichtigt werden; ferner das Abstandsgebot (vgl. Ziffer 1.3 Abs. 3).

4. Die Kriterien und Ziele der variablen Vergütung sollen auf anspruchsvolle und relevante Vergleichsparameter bezogen sein. Die Vergleichsparameter sind vom Verwaltungsrat sorgfältig zu formulieren. Solche Vergleichsparameter können z.b., wenngleich nicht abschließend, sein:

    (1)   Erfüllung der strategischen Ziele;
    (2)   Zufriedenheit der Mitglieder;
    (3)   Zufriedenheit der Mitarbeiter;
    (4)   Finanzergebnis;
    (5)   Entwicklung der Mitgliederzahlen;
    (6)   Produktivitätsziele;
    (7)   Versorgungsziele.

1.6 Altersversorgung

1. Zu einer angemessenen Gesamtvergütung gehört aus Sicht der Arbeitsgruppe auch eine Altersversorgung des Vorstandsmitglieds in Gestalt einer Alters-, Invaliditäts- und Hinterbliebenenversorgung. Die Höhe dieser Absicherung im Versorgungsfall soll sich an den für die betreffende Krankenkasse einschlägigen Altersversorgungsregelungen orientieren. Es wird eine ausschließlich beitragsorientierte Leistungszusage empfohlen. Der Verwaltungsrat soll bei der Vertragsregelung sicherstellen, dass die Krankenkasse nur für die einzuzahlenden Beiträge haftet, und nicht etwa darüber hinausgehend z.b. auch für die (Mindest-)Höhe bestimmter Versorgungsleistungen.

2. Ein Aufwand für die Altersversorgung des Vorstandsmitglieds in der Regel im Umfang von 10 % bis 20 % der Summe aus Fixgehalt und Variabler Vergütung wird als angemessen angesehen. Indes ist dies nur ein Richtwert, von dem nach oben oder unten abgewichen werden kann, wenn dies entsprechend bei den übrigen Vergütungsbestandteilen mindernd berücksichtigt wird.

3. Es wird empfohlen, bisherige Modelle der Altersversorgung unberührt zu lassen und fortzusetzen (Wahrung von Besitzständen).

4. Um den Gegenwert der Altersversorgung des einzelnen Vorstandsmitglieds im Rahmen der Gesamtvergütung zu bestimmen, und im „Marktvergleich" transparent zu machen, wird empfohlen, dass sich die Krankenkassen auf eine einheitliche Bewertungsmethode einigen; jedenfalls hat die Bewertung nach allgemein anerkannten Maßstäben, und bei Versorgungszusagen, die nicht ausschließlich eine beitragsorientierte Leistungszusage enthalten, durch einen Aktuar zu erfolgen.

1.7 Übergangsgeld

Bestandteil einer angemessen Gesamtvergütung sollten auch Übergangsgelder sein, die für eine bestimmte Zeit nach Beendigung des Vorstandsvertrages ohne Wiederwahl vereinbart werden sollen und Entgeltersatzfunktion haben. Hierbei sind folgende Grundsätze zu beachten:

1. Aufgrund der Entgeltersatzfunktion ist die Zahlung von Übergangsgeld auszuschließen, wenn und sobald das Vorstandsmitglied Anspruch auf eine Regelaltersrente hat bzw. eine vorzeitige Altersrente oder eine volle Erwerbsminderungsrente bzw. Erwerbsunfähigkeitsrente bezieht.

2. Die Zahlung von Übergangsgeld kann für den Fall der Vertragsbeendigung nach Ablauf einer ersten Amtszeit von mindestens sechs Jahren für eine Dauer von sechs Monaten vereinbart werden. Das Übergangsgeld pro Monat für diesen Zeitraum soll sich nach dem letzten monatlichen Fixgehalt und der im Vorjahr gezahlten variablen Vergütung, geteilt durch 12, (im Folgenden „monatliches Fixgehalt und Variable" genannt) richten und kann bis zu 100 % betragen.

3. Für den Fall des Ablaufs einer zweiten Amtszeit von mindestens sechs Jahren kann für den Fall der Vertragsbeendigung die Zahlung von Übergangsgeld für weitere sechs Monate vereinbart werden. Die Höhe des

weiteren Übergangsgeldes soll maximal 80 % des letzten monatlichen Fixgehaltes und der Variablen betragen.

4. Für den Fall des Ablaufs einer dritten Amtszeit von mindestens sechs Jahren kann für den Fall der Vertragsbeendigung die Zahlung von Übergangsgeld für weitere sechs Monate vereinbart werden. Die Höhe des weiteren Übergangsgeldes soll maximal 70 % des letzten monatlichen Fixgehaltes und der Variablen betragen.

5. Des Weiteren soll insbesondere geregelt werden, dass bei Beendigung des Vorstandsvertrages aus einem vom Vorstandsmitglied zu vertretenden wichtigen Grund keine Zahlungen an das Vorstandsmitglied zu leisten sind. Dies gilt ebenfalls, wenn die Wiederwahl aus einem vom Vorstandsmitglied zu vertretenden wichtigen Grund nicht erfolgt.

Ein wichtiger Grund liegt beispielsweise vor bei:

- wirksamer Amtsenthebung gemäß §§ 35a Abs. 7, 59 Abs. 3 SGB IV;
- einem Verhalten des Vorstandsmitglieds, das Anlass zu einer wirksamen Kündigung des Vorstandsvertrages aus wichtigem Grund gemäß § 626 BGB gegeben hat;
- einem Vorstandsmitglied, das sich zu mindestens gleichen Vertragsbedingungen nicht zur Wiederwahl gestellt hat oder die Wiederwahl zu diesen Bedingungen nicht angenommen hat.

6. In Bezug auf das Übergangsgeld soll im Vorstandsvertrag auch geregelt werden, dass etwaiges anderweitiges Erwerbseinkommen des Vorstandsmitglieds, Arbeitslosengeld und etwaiges sonstiges Erwerbsersatzeinkommen auf das Übergangsgeld anzurechnen sind; das Vorstandsmitglied soll verpflichtet werden, den Verwaltungsrat der Krankenkasse von sich aus über alle übergangsgeldrelevanten Fakten zu informieren und auf Verlangen alle zur Prüfung erforderlichen Erklärungen abzugeben und Nachweise innerhalb einer angemessenen Frist zu liefern.

1.8 Abfindung bei vorzeitiger Vertragsbeendigung

Bei Abschluss von Vorstandsverträgen soll – in Anlehnung an den Deutschen Corporate Governance Kodex – darauf geachtet werden, dass als Abfindung, sonstige Entschädigungen für die vorzeitige Beendigung des Vorstandsvertrages und Ähnliches Zahlungen in Höhe von maximal zwei Jahresvergütungen einschließlich sämtlicher Nebenleistungen vereinbart werden (sog. Abfindungs-Cap), und nicht mehr als die bei Fortbestand des Vorstandsvertrages für die Restlaufzeit geschuldete Gesamtvergütung. Ein Übergangsgeldanspruch gemäß vorstehender Ziffer 1.7 soll dann frühestens für den Zeitpunkt vorgesehen werden, an dem das Vertragsverhältnis regulär geendet hätte. Für den Fall, dass der Vorstandsvertrag aus einem vom Vorstandsmitglied zu vertretenden wichtigen Grund beendet wird, soll der Vorstandsvertrag die Regelung enthalten, dass keine Zahlungen an das Vorstandsmitglied zu leisten sind. Ferner soll der Abfindungsanspruch ausgeschlossen bzw. verringert werden, wenn im unmittelbaren Anschluss an die Beendigung des Vorstandsvertrages ein neues Dienstverhältnis als Vorstand, Arbeitnehmer, selbständiger Berater oder Ähnliches zwischen der Krankenkasse (oder deren Rechtsnachfolgerin) und dem (ehemaligen) Vorstandsmitglied zustande kommt.

1.9 Einkünfte aus Nebentätigkeiten

Einkünfte aus Nebentätigkeiten des Vorstandsmitglieds, die das Vorstandsmitglied während seiner Amtszeit erhält, sind an die Krankenkasse abzuführen, andernfalls bei der Festlegung der angemessenen Höhe der Gesamtvergütung entsprechend mindernd zu berücksichtigen, es sei denn, im Ausnahmefall besteht überhaupt kein Bezug dieser Nebentätigkeit zur Organfunktion des Vorstandsmitglieds oder seiner Vorstandstätigkeit. Ein solcher Ausnahmefall soll aus Transparenzgründen schriftlich dokumentiert und im Rahmen der Berichtspflicht begründet werden.

1.10   Festlegung der angemessenen Vorstands-Gesamtvergütung

1. Unter Berücksichtigung der vorangehend genannten Aspekte und der steigenden Organisationsgröße (z.b. bezogen auf die Mitglieder-,Versicherten- und Beschäftigtenzahl), die der Bildung der nachfolgenden Cluster zugrunde liegt, sind folgende Spannbreiten für die Vorstandsvergütung im Sinne vorstehender Ziffer 1.2., 1 UAbs. (1) bis (3) angemessen:

Cluster 1:
Bis 25.000 Versicherte
Gesamtvergütung: EUR 90.000,00 - EUR 140.000,00 (Mittelwert: EUR 115.000,00);

Cluster 2:
25.001 bis 150.000 Versicherte
Gesamtvergütung: EUR 120.000,00 - EUR 200.000,00 (Mittelwert: EUR 160.000,00);

Cluster 3:
150.001 bis 500.000 Versicherte
Gesamtvergütung: EUR 160.000,00 - EUR 260.000,00 (Mittelwert: EUR 210.000,00);

Cluster 4:
500.001 bis 2 Mio. Versicherte
Gesamtvergütung: EUR 200.000,00 - EUR 320.000,00 (Mittelwert: EUR 260.000,00);

Cluster 5:
über 2 Mio. Versicherte
Gesamtvergütung: EUR 240.000 - EUR 380.000,00 (Mittelwert: EUR 310.000,00).

2. Der bloße Verweis darauf, dass die Vorstandsvergütung im üblichen Cluster liegt, ist keine ausreichende Begründung für die Angemessenheit der Vorstandsvergütung. Der Verwaltungsrat soll stets im Einzelfall, insbesondere

anhand der unter vorstehender Ziffer 1.3 und der weiteren in diesem Vergütungskodex genannten Angemessenheitskriterien die einzelnen Bestandteile der Vergütung des Vorstandes und die Höhe der Vergütung festlegen.

Anhang: Erläuterungen

Besetzungsliste Arbeitsgruppe Vergütungskodex für Krankenkassenvorstände

Dr. Christian Hilbrandt
Rechtsanwalt/Partner/Geschäftsführer der
HILBRANDT RÜCKERT EBBINGHAUS Rechtsanwaltsgesellschaft mbH
- Leitung der Kodex-Arbeitsgruppe -

Berthold Maier
Alternierender Verwaltungsratsvorsitzender der Schwenninger Krankenkasse

Uwe Bratje
Alternierender Verwaltungsratsvorsitzender der Salus BKK

Albrecht Ehlers
Alternierender Verwaltungsratsvorsitzender der Salus BKK

Dr. Bettina Muttelsee-Schön,
Verwaltungsratsmitglied der Siemens BKK (vormals Verwaltungsratsvorsitzende)

René Scheer
Stellvertretendes Verwaltungsratsmitglied der BIG direkt gesund (vormals Verwaltungsratsvorsitzender)
Erich Balser
Verwaltungsratsvorsitzender der KKH

Frank Plate
Präsident Bundesversicherungsamt

- in beratender Funktion -

Franz Knieps
Vorstand des BKK Dachverbands

Siegfried Gänsler
Vorstandsvorsitzender der Schwenninger Krankenkasse

Ute Schrader
Vorständin der Salus BKK

Dr. Gertrud Demmler
Vorständin der Siemens BKK

Ingo Kailuweit (bis 23. November 2017)
Vorstandsvorsitzender der KKH bis 30. September 2017

Dr. Wolfang Matz (seit 21. Februar 2018)
Vorstandsvorsitzender der KKH seit 01. Oktober 2017

2 Anhang zum Vergütungskodex

in der Fassung vom 21. Februar 2018

Erläuterungen der Arbeitsgruppe zum Vergütungskodex für Krankenkassenvorstände (Leitfaden zur Bestimmung der Angemessenheit der Vorstandsvergütung von Krankenkassenvorständen) -

Der Vergütungskodex soll den handelnden Akteuren in der gesetzlichen Krankenversicherung, insbesondere den Verwaltungsräten, als Orientierungsrahmen und Handlungsempfehlung bei der praktischen Umsetzung dienen, bezogen auf die Bestimmung der Angemessenheit der Vergütung von Krankenkassenvorständen. Der Vergütungskodex nebst Anhang wird von der Arbeitsgruppe vor dem Hintergrund der Erfahrungen und Entwicklungen mit der Angemessenheitsbeurteilung des § 35a Abs. 6a SGB IV in der Regel jährlich überprüft und fortgeschrieben werden.

Zu 1.2. – Vergütungsbestandteile im Rahmen der Angemessenheitsbeurteilung

Seit dem 13. August 2013 gilt das Angemessenheitsgebot für die Vergütungen u.a. von GKV-Vorständen. Dieses Angemessenheitsgebot bezieht sich auf alle Vergütungsbestandteile einschließlich Nebenleistungen, wie z.B. Versorgungsregelungen und sonstige finanzielle Zuwendungen, die den Vorstandsmitgliedern auf Grundlage des Vorstandsvertrages von der Körperschaft gewährt werden. Hintergrund dieser Gesetzesregelung waren insbesondere Prüfmitteilungen des Bundesrechnungshofs über die Vergütungen der Vorstandsmitglieder von Krankenkassen aus dem Jahr 2008. Der Bundesrechnungshof hatte u.a. angeregt, Vergütungsmaßstäbe zu entwickeln, die vom Marktniveau unabhängig seien, eine gesetzliche Obergrenze für Vorstandsvergütungen einzuführen sowie eine gesetzliche Vorlage- und Genehmigungspflicht für die Verträge in Betracht zu ziehen. Indes wurden die Anregungen des Bundesrechnungshofs vom Gesetzgeber zu Recht nur teilweise aufgegriffen – nämlich zu dem Zweck, den ausweis-

© Springer Fachmedien Wiesbaden GmbH, ein Teil von Springer Nature 2019
C. Hilbrandt und K.-D. Henke, *Von der Beamtenbesoldung zum Vergütungskodex*,
https://doi.org/10.1007/978-3-658-26550-2_5

lich der Gesetzesbegründung und Praxis als ungeeignet angesehenen allgemeinen Grundsatz der Wirtschaftlichkeit und Sparsamkeit (§ 69 Abs. 2 SGB IV; § 4
Abs. 4 Satz 1 SGB V) zu konkretisieren und dem Gebot sparsamer Beitragsver-
wendung sowie damit den berechtigten Interessen der gesetzlichen Mitglieder
der öffentlich-rechtlichen Selbstverwaltungskörperschaften und der sonstigen
Beitragszahler wieder verstärkt zur Geltung zu verhelfen. Dazu hat der Gesetzgeber durch Einfügung des Abs. 6a in den § 35a SGB IV einen Zustimmungsvorbehalt der zuständigen Aufsichtsbehörde und das Angemessenheitsgebot
eingeführt. Dies bedeutet, dass Vorstandsverträge nicht ohne vorherige Zustimmung der zuständigen Aufsichtsbehörde wirksam werden und die darin vereinbarten Vergütungen der Vorstände in angemessenem Verhältnis zum Aufgabenbereich, zur Größe und zur Bedeutung der Körperschaft zu stehen haben.

Die Arbeitsgruppe versteht deshalb das seit dem 13. August 2013 gültige
Angemessenheitsgebot des § 35a Abs. 6a SGB IV als speziellere Regelung gegenüber dem vormals geltenden, allgemeinen Grundsatz der Wirtschaftlichkeit
und Sparsamkeit (§ 69 Abs. 2 SGB IV, § 4 Abs. 4 S. 1 SGB V). Unabhängig
davon hat die Arbeitsgruppe ihre Ergebnisse auch unter Berücksichtigung anderer derzeit vertretener Rechtsauffassungen (einschließlich bisher veröffentlichter
Rechtsprechung) reflektiert, und hält die im Vergütungskodex entwickelten Ergebnisse und Kriterien auch mit diesen anderen Rechtsauffassungen für verein-
bar, also unabhängig davon, welche Dogmatik man für zutreffend hält.

Im Rahmen des Angemessenheitsgebotes kommt es auf die Bestimmung
der Angemessenheit der Vorstandsvergütungen im Verhältnis zu den im Gesetz
genannten Merkmalen an. Bei Vergütungsbestandteilen geht es qua definitionem
um Gegenleistungen für die Vorstandstätigkeit. Daher zählen zur Vergütung nur
solche Bestandteile, die in einem sogenannten Gegenseitigkeitsverhältnis stehen
(*do-ut-des-Prinzip*), wie z.B. das Fixgehalt, variable Vergütungen, die betriebliche Altersversorgung, Übergangsgelder und (anzurechnende) Vergütungen aus
Nebentätigkeiten während der Amtszeit des Vorstandsmitgliedes. Bei Letzteren
(Vergütungen aus Nebentätigkeiten) geht die Arbeitsgruppe davon aus, dass
derartige Vergütungen, wenn sie während der Amtszeit des Vorstandsmitgliedes
gewährt werden, im Regelfall in einem Zusammenhang mit der Vorstandsfunktion stehen – Ausnahmen sind aus Sicht der Arbeitsgruppe denkbar, dann jedoch
gesondert darzustellen und zu begründen (vgl. dazu Ziffer 1.9 im Vergütungskodex).

In keinem derartigen individuellen und unmittelbaren Gegenseitigkeitsverhältnis stehen die unter Ziffer 1.2 Abs. 2 genannten Zusatzleistungen; es handelt sich um keine abschließende Aufzählung. Diese Zusatzleistungen werden aus Sicht der Arbeitsgruppe in der Praxis weniger einzelfallbezogen bestimmt und sollen sich daher stärker am entsprechenden *allgemeinen Standard* der (anderen) Krankenkassen orientieren. Zum Teil werden dort auch Positionen dienstlich veranlassten Aufwands aufgezählt (z.b. D&O-Versicherung), die kein Vergütungsbestandteil sind. Dies gilt auch für gesetzliche Abgaben (Ziffer 1.2 Abs. 4), die zwar Aufwand, aber eben kein Teil der Vergütung sind. § 35a Abs. 6a SGB IV bezieht sich auf die Angemessenheit der *Vergütung*. Vergütung und Aufwand sind nicht das Gleiche. Es wäre ein eklatanter Widerspruch, Vergütung und Aufwand gleichzusetzen.

Zu 1.3. – Kriterien für die Angemessenheitsbeurteilung

Bei der Diskussion über die Kriterien für die Angemessenheitsbeurteilung hat die Arbeitsgruppe die gesetzlichen Vorgaben des § 35a Abs. 6a SGB IV zugrunde gelegt und interpretiert. § 35a Abs. 6a SGB IV nennt als Bezugsgrößen für die Bestimmung der Angemessenheit der Vorstandsvergütung: Aufgabenbereich, Größe und Bedeutung der Körperschaft (d.h. hier der einzelnen Krankenkasse). Dabei ist insbesondere die Zahl der Mitglieder dieser Krankenkasse zu berücksichtigen.

Diese Berücksichtigung bedeutet aus Sicht der Arbeitsgruppe nicht Beachtung im Sinne strikter Verbindlichkeit, sondern dass diese Kriterien in die Überlegungen des Verwaltungsrats mit einbezogen werden müssen, d.h. „in Erwägung zu ziehen sind", also nicht gänzlich außer Betracht bleiben dürfen, es sei denn, hierfür hat der Verwaltungsrat gewichtige sachliche Gründe. Zugleich gehört es zu einer sachgerechten Angemessenheitsbeurteilung, dass der Verwaltungsrat sich bei seiner Entscheidungsfindung nicht etwa darauf beschränkt, ein „übliches" Vorstandsgesamtgehalt zu zahlen. Stattdessen bedarf es detaillierter Überlegungen zu Art und Höhe der einzelnen Vergütungsbestandteile, d.h. insbesondere zu fixen und variablen Bestandteilen sowie diversen weiteren Vergütungsbestandteilen und sonstigen Nebenleistungen.

Soweit sich der Verwaltungsrat im Rahmen dieser Überlegungen und Entscheidungsfindung an den Daten anderer Krankenkassen orientiert, ist dies ein geeignetes Hilfsmittel. Es ersetzt aber nicht die eigene Entscheidung, in welcher Art und Weise diese „üblichen" Daten auf die eigene Krankenkasse übertragbar sind, d.h. wo Übereinstimmungen und wo Abweichungen bestehen.

Im Hinblick auf das Gebot des vertikalen Abstandes im Sinne des Absatzes 3 hat die Arbeitsgruppe im Blick, dass die Vergütungsstrukturen bei Krankenkassen im Wesentlichen tariflich geregelt sind, bis hinauf in die oberen Führungsebenen unterhalb des Vorstandes. Dies gilt für alle Elemente der Vergütung, einschließlich betrieblicher Altersversorgung etc. Es wäre paradox, die Vorstandsvergütung ohne Berücksichtigung dieser Vergütungsstruktur innerhalb der jeweiligen Krankenkasse zu bestimmen, und dann eventuell zu dem Ergebnis zu kommen, die Vorstandsvergütung niedriger anzusetzen als bei der nächst höheren Führungsebene. Denn eine der in § 35a Abs. 6 Satz 1 SGB IV genannten Voraussetzungen für die Übernahme eines Vorstandsamtes ist die mehrjährige Berufserfahrung in herausgehobenen Führungsfunktionen. (Nur) Im Zusammenhang mit diesem Abstandsgebot ist es Aufgabe des Verwaltungsrates, den insofern relevanten Kreis der nächst höheren Führungsebene – gemeint als Bezugsgruppe – festzulegen, d.h. im Sinne einer repräsentativen Gruppe zwecks Vergleichs des Abstands zwischen dieser Gruppe und den Vorstandsmitgliedern. Die Arbeitsgruppe hat bei ihren Überlegungen zur angemessenen Spanne berücksichtigt, dass es bereits heute einen solchen Abstand der Vergütungen von Vorständen und nächst höherer Führungsebene gibt (siehe **Anlage 1**).

Absatz 4 unterstreicht die besondere Verantwortung des Verwaltungsrates, die Angemessenheit der Vergütungsbestandteile im Einzelnen und der Gesamtvergütung zu bestimmen. Es ist dessen Aufgabe, die geeigneten Kriterien auszuwählen und gegebenenfalls den besonderen „Nutzen" des Vorstandes im Hinblick auf dessen Tätigkeit für die jeweilige Krankenkasse festzulegen.

Zu 1.4. – Fixgehalt

Die Arbeitsgruppe hat sich von dem Gedanken leiten lassen, dass die tatsächlichen Anforderungen an ein Vorstandsmitglied vielfältig und komplex sind. Die Mindestanforderungen sind in § 35a Abs. 6 SGB IV festgelegt, wie z.B. die mehrjährige Berufserfahrung in herausgehobenen Führungsfunktionen, wobei die tatsächlichen Anforderungen in der Praxis noch weit darüber hinausgehen. Insofern wird an dieser Stelle auf die ausführlichen Erläuterungen in der Präambel des Vergütungskodex verwiesen. Darüber hinaus weist die Arbeitsgruppe darauf hin, dass der Gesetzgeber den Krankenkassen in verschiedenen Vertragsbereichen (so z.b. beim Einkauf von Arznei- und Hilfsmitteln oder beim Abschluss von Versorgungsverträgen) Gestaltungsmöglichkeiten gegeben hat, um diese Verträge zu verhandeln. Dies erfordert Verhandlungsfähigkeiten, Markt- und Vertragskompetenz in den verschiedenen Gesundheitsmärkten sowie strategische Entscheidungen (z.b. Einkaufs- und Beratungsstrategien, Kooperationsstrategien etc.). Überdies sind aufgrund der öffentlich-rechtlichen Stellung der Krankenkassen besondere Compliance-Vorrichtungen zu installieren, sowie durch den Umgang mit persönlichen Gesundheitsdaten besondere Datenschutzanforderungen zu gewährleisten. Für all dies ist der Vorstand verantwortlich. Sowohl Anforderungsprofil und Verantwortungsbereiche als auch die Bestellung (nur) für eine bestimmte Amtsdauer und die Suche nach dem bestgeeigneten Kandidaten wirken sich auf die Höhe des Fixgehaltes aus, welche nach dem Status quo im Vergleichsumfeld anderer öffentlicher Unternehmen aus Sicht der Arbeitsgruppe moderat ist.

Zu 1.5. – Variable Vergütung

Die Regelung orientiert sich an dem Public Corporate Governance Kodex des Bundes (dort Ziffer 4.3.1) und dem Deutschen Corporate Governance Kodex (dort Ziffer 4.2.3). Nach dem Public Corporate Governance Kodex soll die Vergütung erfolgsbezogene Bestandteile aufweisen, wenn sich das öffentliche Unternehmen in einem wettbewerblichen Umfeld bewegt. Dies gilt (auch) für Krankenkassen, nämlich seit Inkrafttreten des Gesundheitsstrukturgesetzes mit Wirkung zum 01. Januar 1996. Die Erfolgsbezogenheit der variablen Vergütung führt zu einer Beteiligung des Vorstandsmitgliedes am Erfolg und Misserfolg „seiner" Krankenkasse. Denn eine erfolgsorientierte Vergütung ist geeignet, unternehmerisches Handeln und die wettbewerbliche Ausrichtung zu fördern.

Die im Vergütungskodex aufgeführten Kriterien sind nur Beispiele und nicht abschließend zu verstehen. Daher kann der Verwaltungsrat auch andere Kriterien festlegen, nach denen sich eine variable Vergütung bemessen soll. Indes sind diese stets sorgfältig zu formulieren und sollten insbesondere krankenkassenspezifische, unternehmerische Anreize und die wettbewerbliche Ausrichtung berücksichtigen.

Zu 1.6. – Altersversorgung

Die Angemessenheit einer zusätzlichen Altersversorgung ergibt sich insbesondere aus der Befristung der Amtsdauer, dem Abstandsgebot und der Deckungslücke, die im Hinblick auf die Beitragsbemessungsgrenze in der gesetzlichen Rentenversicherung besteht.

Marktstandard sind heute beitragsorientierte Leistungszusagen (über 80% aller Versorgungszusagen sind laut *Willis Towers Watson* beitragsorientierte Zusagen).

Bei Aufstellung der Richtwerte wurden von der Arbeitsgruppe versicherungsmathematische Berechnungen und konkrete beitragsorientierte Regelungen der Praxis zugrunde gelegt (siehe Musterbeispiele in der **Anlage 2**). Aus den Musterbeispielen ist unter Berücksichtigung der Anwartschaften aus der gesetzlichen Rentenversicherung erkennbar, dass bezogen auf das Gesamteinkommen beitragsorientierte Leistungszusagen in Höhe von 10% bis 20% zur Schließung der Deckungslücke notwendig sind (Prozentsatz steigt mit den Einkommen, da die Rentenhöhe nur bis zur Beitragsbemessungsgrenze mitwächst), um bei einem vollen Versicherungsverlauf ab 65 Jahren eine Rente von maximal 40% des Bruttogehaltes zu erreichen.

Zu 1.7. – Übergangsgeld

Die Arbeitsgruppe ist bei den Diskussionen dieser Ziffer davon ausgegangen, dass ein Vorstand, dessen Vertrag über die befristete Amtsdauer hinaus nicht verlängert wird, zwar bei anschließender Arbeitslosigkeit in der Regel Anspruch auf Arbeitslosengeld hat, aber wegen der Bestellung nur auf Zeit eine vorübergehende Sicherung des Lebensstandards gerechtfertigt und geboten ist. Die Gewährung von Übergangsgeldern findet man auch bei anderen Führungspositionen auf Zeit im öffentlichen Dienst im weiteren Sinne, wie z.B. bei Vorstandsmitgliedern der Bundesagentur für Arbeit, Sparkassenvorständen, Wahlbeamten wie Landräten und Bürgermeistern etc. Diese Deckungslücke zur Sicherung des Lebensstandards für eine Übergangszeit zu schließen, ist Sinn und Zweck der im Vorstandsvertrag zu treffenden Regelungen zum Übergangsgeld. Die Staffelung nach Amtsperioden spiegelt die zu erwartenden Schwierigkeiten wider, unmittelbar im Anschluss an eine längere Amtsdauer eine neue Beschäftigung zu fin-

den. Daher entfällt die Funktion des Übergangsgeldes, wenn das Vorstandsmitglied einen Anspruch auf eine Regelaltersrente oder vergleichbare Ansprüche hat
oder eine neue Beschäftigung findet.

Zu 1.8. – Abfindung bei vorzeitiger Vertragsbeendigung

Die Regelungen zur Abfindung sind eng an den Public Corporate Governance
Kodex des Bundes (dort Ziffer 4.3.2), die jeweiligen Public Corporate Governance Kodizes der Länder (z.b. PCGK von Brandenburg [Ziffer 4.3.4]; Hamburg [Ziffer 4.2.5]; Hessen [Ziffer 4.3.2]) und den Deutschen Corporate Governance Kodex (Ziffer 4.2.3) angelehnt. Die dortigen Überlegungen gelten entsprechend für die hiesige Bestimmung.

Zu 1.9. – Einkünfte aus Nebentätigkeiten

Die Regelungen zur Anrechnung von Einkünften aus Nebentätigkeiten orientieren sich an dem Vorbild des Public Corporate Governance Kodex des Bundes
(vgl. dort Ziffer 4.4.4 und dessen Anmerkungen). Im Übrigen geht die Arbeitsgruppe davon aus, dass derartige Vergütungen, wenn sie während der Amtszeit
des Vorstandsmitgliedes gewährt werden, im Regelfall in einem Zusammenhang
mit der Vorstandsfunktion stehen; im Ausnahmefall ist dies schriftlich zu doku-
mentieren und zu begründen sowie im Rahmen der allgemeinen Berichtspflicht
über die Anwendung der im Vergütungskodex aufgestellten Grundsätze im Geschäftsbericht zu veröffentlichen.

Zu 1.10. – Festlegung der angemessenen Vorstands-Gesamtvergütung

Grundlage für die Bildung der Cluster sind einerseits die Anforderungen an die
Vorstandstätigkeit im Allgemeinen und andererseits die Abhängigkeit dieser
Anforderungen von der Organisationsgröße. Entgegen anderer Kodizes (PCGK
des Bundes, PCGK der Länder, DCGK) werden im Vergütungskodex konkrete

Vergütungsspannen vorgeschlagen. Dies hängt insbesondere mit dem Ziel des Vergütungskodex zusammen, den Verwaltungsräten einen konkreten Orientierungsrahmen und Handlungsempfehlungen zu geben; ferner damit, dass die Daten anderer Krankenkassen ein geeignetes Hilfsmittel bei der Bestimmung der Angemessenheit einer Vorstandsvergütung sind und bei Erstellung dieser Cluster berücksichtigt wurden.

Ausgangslage bei den Überlegungen zur Clusterbildung war, dass unabhängig von der Größe einer Krankenkasse das Anforderungsprofil in § 35a Abs. 6 SGB IV allgemein dahingehend bestimmt wird, dass das Vorstandsmitglied neben einer Fachhochschul- oder Hochschulausbildung (oder entsprechender Fort- und Weiterbildung in einer Krankenkasse) über eine mehrjährige Berufserfahrung in herausgehobenen Führungsfunktionen verfügen muss. Und es der ausdrücklich erklärte Wille des Gesetzgebers ist, die GKV für den allgemeinen Arbeitsmarkt der Unternehmensführung zu öffnen, Manager mit Erfahrungen von anderen Akteuren des Gesundheitswesens und aus anderen Wirtschaftsbranchen zu gewinnen, die Management-Qualifikation der einzelnen Mitglieder des Vorstandes für ihren jeweils eigenverantwortlich zu leitenden Geschäftsbereich zu sichern und damit zugleich die Professionalisierung des Vorstandes in seiner Gesamtheit zu stärken. Des Weiteren hat sich die Arbeitsgruppe davon leiten lassen, dass sich die Gesamtvergütung des Vorstandes von den (Tarif-)Entgelten abheben muss, wie sie für leitende Angestellte in der GKV gelten.

Des Weiteren ist bei der Clusterbildung berücksichtigt worden, dass die Anforderungen an den Vorstand mit der Größe der Organisation steigen. Insofern ist ein geeigneter Maßstab für die Größe der Organisation in einem Dienstleistungsgeschäft wie der GKV die Zahl der Versicherten und die Zahl der Mitarbeiter/innen, wobei die Komplexität nicht linear steigt, sondern eher einen degressiven Verlauf nimmt. Dies entspricht den Erfahrungen der Mitglieder/innen der Arbeitsgruppe und organisationstheoretischen Erkenntnissen. Zudem spiegelt sich hier das gesetzgeberische Kriterium der Größe der Krankenkasse wider, da mit steigender Mitglieder- und Versichertenzahl auch die Organisationsgröße (Zahl der Mitarbeiter/innen und Komplexität) der Krankenkasse wächst.

Als Mindestqualifikation des Vorstands einer Krankenkasse mit bis zu 25.000 Versicherten wurde von dem Vergütungsniveau eines leitenden Angestellten einer Krankenkasse ausgegangen. Der Vergleich mit den Tarifentgelten ergibt dabei aktuell als Ausgangsgröße ein Basiseinkommen von EUR 70.000 bis EUR 80.000, welches mindestens angemessen ist. Darauf aufsetzend sind dann

die weiteren Anforderungen und Besonderheiten bei Übernahme der Vorstandsfunktion zu berücksichtigen, einschließlich der Befristung des Vertrages. Allein
in Verbindung mit dem Abstandsgebot (30 % bis 100 %) ergibt sich daraus,
ausgehend von EUR 70.000, die Spanne von EUR 90.000 bis EUR 140.000.

Beim Cluster 1 (Organisationsgröße bis zu 25.000 Versicherte) geht die Arbeitsgruppe von einer Krankenkasse mit maximal 50 Mitarbeiter/innen aus, und
damit verbunden von einer Organisationsstruktur mit maximal einer zusätzlichen
Führungsebene. In der gleichen Logik wurden die weiteren Cluster gebildet.
Cluster 2 (25.001 bis 150.000 Versicherte) erfordert danach maximal eine weitere zusätzliche Führungsebene. Cluster 3 (150.001 bis 500.000 Versicherte) maximal drei Führungsebenen; Cluster 4 (500.001 bis 2 Mio. Versicherte) maximal
vier bis fünf Führungsebenen und Cluster 5 (über 2 Mio. Versicherte) maximal
fünf bis sechs Führungsebenen.

Aufbauend auf diese Clusterlogik wurden die Spannbreiten für die jeweiligen Cluster ermittelt. Ausgehend von einem untersten Einstieg von EUR 90.000
wurden Spannbreiten zugrunde gelegt, die sich mit zunehmendem Cluster erhöhen, d.h. die Spannbreiten werden größer, allerdings nicht linear, sondern de-
gressiv. Dies entspricht der gängigen Organisationswissenschaft. Anforderungen
entwickeln sich nicht linear, da Organisationsgröße gleichzeitig auch zusätzliche
Gestaltungsmöglichkeiten für Komplexität schafft. Bezogen auf die Cluster 1 bis
5 ergeben sich daraus ein Mittelwert und entsprechende Spannbreiten. Diese
Spannbreiten sind geeignet, u.a. sowohl die Berufserfahrung als auch die konkrete Unternehmensorganisation und Besonderheiten einer Krankenkasse abzubil-
den. Die Mittelwerte sind lediglich ein rechnerisches Ergebnis. Darüber hinaus
überlappen sich die Cluster, weil Clustergrenzen immer eine Exaktheit suggerie-
ren, die sich in der Realität so nicht wiederfindet.

Die Spannbreiten innerhalb der jeweiligen Cluster sind geeignet und erforderlich, um den Umständen des Einzelfalles Rechnung tragen zu können, wie
z.B. den in Ziffer 1.3 Abs. 1 des Vergütungskodex genannten Kriterien. Der
letztlich dem Verwaltungsrat verbleibende Beurteilungsspielraum ist zu beachten,
insbesondere wie er in Ziffer 1.3 Abs. 4 des Vergütungskodex formuliert ist.

Anlagen

Anlage 1

Abschlussbericht

zur

Erstellung einer Entscheidungsgrundlage für die Verwaltungsräte der beteiligten Krankenkassen zwecks Beurteilung der Angemessenheit der Gesamtvergütung ihrer Vorstände im Sinne des § 35a Abs. 6a SGB IV

erstellt von

HILBRANDT RÜCKERT EBBINGHAUS
Rechtsanwaltsgesellschaft mbH
(RA Dr. Christian Hilbrandt)

und

Prof. Dr. rer. pol. Klaus-Dirk Henke, TU Berlin

im Auftrag der Salus BKK/Die Schwenninger BKK u.a.

Stand: 08. Juni 2016

Dieser Abschlussbericht kann keine individuelle Rechtsberatung ersetzen.
© HILBRANDT RÜCKERT EBBINGHAUS Rechtsanwaltsges. mbH 2016

	monetäre Gesamt-vergütung	Stellvertre-ter/Gesamtvergütung	Führungskräfte Gesamt-vergütung
Minimalwert	91738	k.A.	34168
Ø Mittelwert Gruppe I	100615	43686	58342 (1-44)
Ø Mittelwert Gruppe II	116005	79304	73848 (45-88)
Ø Mittelwert Gruppe III	136694	89133	89230 (89-132)
Ø Mittelwert Gruppe IV	159137	107213	104940 (133-177)
Ø Mittelwert Gruppe V	206844	131733	130932 (178-222)
Maximalwert	259972	149890	181934

	Mitglieder	Versicherte	Beschäftigte
Ø Mittelwert Gruppe I	9690	12753	19
Ø Mittelwert Gruppe II	17729	24517	40
Ø Mittelwert Gruppe III	37343	51376	77
Ø Mittelwert Gruppe IV	102986	138048	255
Ø Mittelwert Gruppe V	477514	644045	1070

	Versicherte pro Mitar-beiter	Verwaltungskosten pro Versicherten	Leistungsausgaben pro Versicherten
Ø Mittelwert Gruppe I	527	106	1883
Ø Mittelwert Gruppe II	595	124	2179
Ø Mittelwert Gruppe III	649	137	2322
Ø Mittelwert Gruppe IV	741	146	2541
Ø Mittelwert Gruppe V	892	171	3029

Anlage 2

WillisTowersWatson **I.I'I'I.I**

Dr. Joachim Kirchner
Arnulfstraße 19
80335 München
Deutschland

Telefon +49 89 51657-4500
Durchwahl +49 89 51657-4506

joachim.kirchner@willistowerswatson.com
www.willistowerswatson.de

Towers Watson GmbH.
Arnulfstraße 19, 80335 München

Persönlich/Vertraulich

18. August 2017

Berechnung BAV-Prämie Mustervorstände

Sehr geehrte

auftragsgemäß haben wir die folgende Berechnung durchgeführt:

Ermittlung des jährlichen Finanzierungsbedarfs für einen zum Vorstand bestellten 40-Jährigen Mann, der bis Alter 65 Vorstand bleibt. Das Jahresgehalt beträgt alternativ 250.000,-- Euro oder 150.000,-- Euro. Der Versorgungsgrad beträgt unter Anrechnung der gesetzlichen Rentenversicherung 40%. Die sich ergebende gesetzliche Rente beträgt derzeit 2.437,-- Euro.
Für den Eintritt wurden zwei Alternativen berücksichtigt: Eintritt mit Bestellung zum Vorstand und Eintritt 5 Jahre vor Bestellung zum Vorstand. Die Berechnung wurde mit einem Rechnungszins von 3,25%, einer Rentendynamik von 1% und einer Bezügedynamik von alternativ 0% und 2% durchgeführt.

Ergebnisse:

Gehalt	Eintritt	Jährlicher Finanzierungsaufwand mit Bezügedynamik 0%		Jährlicher Finanzierungsaufwand mit Bezügedynamik 2%	
		Absolut in €	In % des Gehaltes	absolut	In % des Gehaltes
250.000 €	01.07.2017	40.649,20	16,26	50.170,01	20,07
150.000 €	01.07.2017	17.667,35	11,78	21.805,33	14,54
250.000 €	01.07.2012	31.265,13	12,51	40.676,09	16,27
150.000 €	01.07.2012	13.588,74	9,06	17.679,00	11,79

Die absolute Prämie gilt für das Jahr 2017 und entwickelt sich bis zum Finanzierungsendalter mit der Bezügedynamik fort. Die Ergebnisse gelten unter der Annahme, dass die angerechnete gesetzliche Rente sich mit der Bezügedynamik fortentwickelt. Ein Vorstand, der vorher Arbeitnehmer der SBK war, wäre nach Annahme typischerweise mit 30 Jahren, also am 01.07.2007 eingetreten, hätte aber vor Bestellung zum Vorstand eine wesentlich schlechtere Zusage. Um die dabei auftretenden Finanzierungseffekte abzuschätzen, wurde der fiktive Eintritt (mit Vorstandszusage) auf das Alter 35 (den 01.07.2012) verlegt.

Towers Watson GmbH
Sitz: Frankfurt am Main
Registergericht: Amtsgericht Frankfurt, HRB 87027
Vorsitzender des Aufsichtsrats: Paul Meris
Geschäftsführer: Dr. Reiner Schwinger (Vorsitzender), Dr. Thomas Jasper, Michael Klüttgens, Dr. Michael Paulweber, Helmut L. Uder

Seite 1 von 2

Willis Towers Watson **I.I'I'I.I**

Pensionskasse vom Deutschen Roten Kreuz VVaG
17.08.2017

Für aufkommende Fragen stehe ich Ihnen gerne zur Verfügung.

Mit freundlichen Grüßen

Dr. Joachim Kirchner
Aktuar DAV / Sachverständiger IVS

3 Materialien zur Entstehungsgeschichte des Vergütungskodex

Protokoll der 1. Sitzung der Arbeitsgruppe zur Bestimmung eines Vergütungskodex in der GKV am 08. Mai 2017

Neu-Isenburg, Siemensstraße 5a, Verwaltungssitz der Salus BKK

Beginn: 11.00 Uhr
Ende: 16.45 Uhr

Teilnehmer: Frau Dr. Demmler, Frau Dr. Muttelsee-Schön, Frau Schrader, Herr Bratje, Herr Gänsler, Herr Maier, Herr Plate, Herr Kailuweit, Herr Dr. Hilbrandt.
Protokollführer: Niels Lasse Lange

TOP 1: Begrüßung und Vorstellung der Mitglieder

Die einzelnen Mitglieder der Arbeitsgruppe stellen sich vor und es werden die Erwartungen an die Arbeiten und Ergebnisse der Arbeitsgruppe genannt. Die Teilnehmer dieser Arbeitsgruppe bilden einen repräsentativen Querschnitt, indem sie aus verschiedenen Kassenarten stammen und die Selbstverwaltung (aus Sicht der Arbeitgeber- und Versichertenvertreter), die Verbände und die Aufsichten repräsentieren. Herr Plate betont, dass er seine Funktion im Rahmen dieser Arbeitsgruppe vorrangig in einer beratenden Begleitung aus Sicht der Aufsichten sieht; seine Teilnahme ersetze nicht die aufsichtsrechtliche Prüfung des zu erarbeitenden Kodex.

Einigkeit bei allen Teilnehmern besteht darin, dass das Ziel der Arbeitsgruppe ist, eine schriftliche Unterlage zu erstellen, die die Bestandteile der Krankenkassen-Vorstandsvergütung und die Kriterien für deren Angemessenheitsbeurteilung benennt. Jene Unterlage soll für alle Beteiligten (Vorstände, Verwaltungsräte, Aufsichten) praktikabel sein, einen Orientierungsrahmen bieten und neben der Aufzählung der einzelnen Vergütungsbestandteile u.a. auch Überle-

© Springer Fachmedien Wiesbaden GmbH, ein Teil von Springer Nature 2019
C. Hilbrandt und K.-D. Henke, *Von der Beamtenbesoldung zum Vergütungskodex*,
https://doi.org/10.1007/978-3-658-26550-2_6

gungen zu den Abständen zur ersten Führungsebene (sog. vertikaler Vergleich) enthalten.

TOP 2: Gemeinsame Festlegung der Ziele dieser Arbeitsgruppe

Siehe zu TOP 1.

Weiter: Kein gesonderter Beratungsgegenstand in der Arbeitsgruppe soll (zunächst) die Bedeutung der Selbstverwaltung an sich sein, ebenso wenig wie die Diskussion und politischen Hintergründe zur Schaffung des § 35a Abs. 6a SGB IV. Vielmehr soll die Arbeitsgruppe etwas Neues schaffen, nämlich ihre Überlegungen zur Angemessenheitsbeurteilung der Vorstandsvergütung so konkret wie möglich schriftlich festhalten. Diese Überlegungen werden sich wahrscheinlich vom Status Quo (z.B. Arbeitspapier der Aufsichtsbehörden) unterscheiden. Relevant wird sein, dass die Ergebnisse der Arbeitsgruppe auch in der Außenwahrnehmung plausibel und begründet erscheinen, und damit Akzeptanz finden. Dabei sollte die Arbeitsgruppe u.a. (gesundheits)politische Vertreter im Blick haben, Medien, die Justiz etc. Insofern wird es als wichtig angesehen, die besonderen Aufgaben der Vorstände herauszuarbeiten (Stichwort: keine Behördenleiter), die Marktbedingungen in den Blick zu rücken sowie beim Zustandekommen und bei Begründung der Ergebnisse Transparenz herzustellen.

TOP 3: Formalien und Arbeitsweise der Arbeitsgruppe

Alle Mitglieder werden nach jeder Sitzung das Protokoll zu jener Sitzung und etwaige dort ausgeteilte Unterlagen erhalten. Vorab wird dazu das Protokoll mit den teilnehmenden Mitgliedern abgestimmt und anschließend an alle Mitglieder versendet werden. Von Frau Schrader bzw. Herrn Gänsler werden die Repräsentanten der finanzierenden Krankenkassen ebenfalls dieses Protokoll erhalten. Ansonsten soll derzeit keine Kommunikation nach außen stattfinden, sondern erst, wenn dies in der Arbeitsgruppe beschlossen wird. Bei Terminierung der Sitzungen der Arbeitsgruppe (durch Dr. Hilbrandt) soll beachtet werden, dass jeweils mindestens 8 bis 9 Teilnehmer pro Sitzung ihre Anwesenheit zusagen. Einvernehmen besteht, dass die nächste Sitzung am 16. Juni 2017 stattfinden wird. Beginn wird erneut um 11.00 Uhr sein und Ende gegen 17.00 Uhr. Die weiteren Termine werden entsprechend der bisherigen Praxis abgestimmt werden. Das Gespräch über etwaige weitere Formalitäten, wie z.b. Beschlussfähigkeit, Stimmrechte und Beschlussfassung, wurde zurückgestellt, um sich zunächst vorrangig inhaltlichen Fragen widmen zu können.

TOP 4: Gemeinsame Festlegung von Inhalten

Im Rahmen eines Brainstorming werden die Überlegungen zu den Bestandteilen einer angemessenen Vorstandsvergütung zusammengetragen, sowie Kriterien/Rahmenbedingungen zur Beurteilung der Angemessenheit (siehe hierzu auch **Anlage 1**). Als solche Rahmenbedingungen zur Angemessenheitsbeurteilung werden genannt:

1. Größe der Krankenkasse;
2. Organgröße;
3. Vertikaler Vergleich/Abstandsgebot;
4. Aufgabenbereich/Märkte (sog. geöffnete oder geschlossene KK; bundesweit geöffnet, u.a.);
5. Befristung der Verträge;
6. Qualifikation/Recruiting;
7. Ermessen der Verwaltungsräte;
8. Besonderes Anforderungsprofil;
9. Marktpreise;
10. Zielgruppe.

Nach ausführlicher Diskussion sieht man in folgenden Komponenten Vergütungsbestandteile:

1. Fixgehalt;
2. Variable Vergütung;
3. Altersversorgung: aber separat zu betrachten;
4. Kein Bestandteil im engeren Sinne, aber im Annex des Papiers aufzuzählen und zu erläutern:
    o Dienstwagen;
    o Beihilfen/Versicherungen;

o   Aufwandsentschädigung;
o   Jubiläumszuwendung;
5.   Übergangsgeld/Abfindung: sind besonders zu betrachten;
6.   Vergütung aus Nebentätigkeiten: sind besonders zu betrachten.

Die RV-/Gesamtsozialversicherungsbeiträge sind bei der Angemessenheitsprüfung nicht gesondert zu betrachten, da sie auf einer gesetzlichen Verpflichtung beruhen und für alle Vorstände im Wesentlichen gleich sind. Ein angemessener Dienstwagen auch zur privaten Nutzung ist Standard, zumal der berufliche Anteil/die berufliche Nutzung der Grund für dessen Anschaffung ist.

Beihilfen/Versicherungen und Jubiläumszuwendungen sind, sofern kassentypisch (d.h. alle Arbeitnehmer der Kasse erhalten diese Zuwendungen) kein gesonderter Bestandteil der Vergütung, der bei der Bestimmung der Angemessenheit zu berücksichtigen ist.

Auch die Aufwandsentschädigung ist kein Bestandteil der Vergütung, vielmehr ist ein kasseneigener Repräsentationsaufwand zu gewähren.

Abfindung/Übergangsgelder sind zulässig. Es soll indes ein eigener Standard entwickelt werden, der gesondert zu betrachten sein wird.

Die Dynamisierung wurde diskutiert. Vorschläge sind z.B., Lösungen zu entwickeln analog zu den Bundestagsabgeordneten. Eine Entscheidung wurde nicht getroffen, dies wird Gegenstand weiterer Beratungen.

Das Thema der Vergütung aus Nebentätigkeiten wird diskutiert und bleibt zunächst ohne Ergebnis.

Altersversorgung

Die Altersvorsorge ist ein gesondert zu betrachtender Teil der Vergütung. Festgestellt wird, dass eine große Vielfalt bei der Altersversorgung existiert und dies ein komplexes Feld ist. Es wird diskutiert, wie jene als Vergütungsbestandteil gesondert zu betrachten ist, indes zunächst ohne Ergebnis. Dieser Punkt wird bei den nächsten Sitzungen intensiver zu diskutieren sein.

Variable Vergütung

Einigkeit besteht darin, dass eine variable Vergütung Bestandteil einer angemessenen Vergütung sein sollte. Hinsichtlich der Höhe und des Verhältnisses zum

Fixgehalt wird nach ausführlicher Diskussion zunächst folgendes Zwischenergebnis festgehalten:

Das Verhältnis von variabler Vergütung zu fixer Vergütung (Grundvergütung) sollte jedenfalls eine Untergrenze von 10 % nicht unterschreiten und eine Obergrenze von 40 % bis 50 % nicht überschreiten, jeweils auf Basis der Annahme einer 100%igen Zielerreichung. Innerhalb dieser Spannbreite wird sich wahrscheinlich das angemessene Verhältnisse von variabler Vergütung zu Grundvergütung bewegen, wobei eine detailliertere Betrachtung den weiteren Beratungen vorbehalten bleibt.

Des Weiteren werden die Besonderheiten der einzelnen Krankenkassen (Stichwort: „betriebsüblich") sowie die Heterogenität der Kassen zu beachten sein.

Ferner werden Kriterien beispielhaft aufgezählt, von denen die variable Vergütung abhängig sein kann (Kriterien sollen auch im Kodex beispielhaft aufgeführt werden). Diese sind u.a.:

(8) Zufriedenheit der Mitglieder;
(9) Zufriedenheit der Mitarbeiter;
(10) Leistungsbilanz;
(11) Entwicklung der Mitgliederzahlen;
(12) Produktivitätssteigerung.

Hervorzuheben ist, dass die Aufzählung nur beispielhaft ist und die Aufstellung weiterer Kriterien maßgebliche Aufgabe der Selbstverwaltung sein sollte. Hierbei ist auf Transparenz zu achten. Angemerkt wurde, dass es Kriterien sein müssen, die von den Vorständen beeinflussbar sind.

Einigkeit besteht auch darin, dass – unabhängig von der Ausgestaltung im Einzelfall – (1) eine Obergrenze zwischen Krankenkasse und Vorstand vereinbart werden sollte, (2) bei Nichterreichen der Ziele keine variable Vergütung gezahlt wird und (3) eine Übererfüllung der Ziele (bis zur Obergrenze) vergütet werden kann.

Ferner soll sich die variable Vergütung an den unternehmenstypischen Regelungen orientieren. Auch ist sie im Vergleich zur nächsten Führungsebene höher anzusetzen. Insofern wird von den Teilnehmern im Rahmen dieser Vergleichsbetrachtung ein Prozentsatz von 50 % bis 100 % für angemessen gehalten.

Fixgehalt

Im Anschluss wird wegen der fortgeschrittenen Zeit nur noch kurz über die Angemessenheitskriterien beim Fixgehalt diskutiert. Diese Diskussion wird in der zweiten Sitzung am 16. Juni 2017 fortgesetzt werden. Hierbei soll u.a. ein Schwerpunkt auf dem vertikalen Abstand liegen sowie auf den besonderen Anforderungen an die Nachwuchsgewinnung.

Gegenstand der nächsten Sitzung wird insbesondere das Fixgehalt und die Altersvorsorge sein.

Für die Richtigkeit des Protokolls:

Niels Lasse Lange

Protokoll der 2. Sitzung der Arbeitsgruppe zur Bestimmung eines Vergütungskodex in der GKV am 16. Juni 2017

Neu-Isenburg, Siemensstraße 5a, Verwaltungssitz der Salus BKK

Beginn: 11.10 Uhr
Ende: 16.20 Uhr

Teilnehmer: Frau Dr. Demmler, Frau Dr. Muttelsee-Schön, Frau Schrader, Herr Bratje, Herr Gänsler, Herr Maier, Herr Plate, Herr Dr. Hilbrandt.
Protokollführer: Niels Lasse Lange

TOP 1: Allgemeines

Es wurden keine grundsätzlichen Einwände gegen die Form und den Inhalt des bisherigen Arbeitsentwurfs des Leitfadens erhoben. Ergänzend soll der Aspekt der D&O-Versicherung in den Leitfaden aufgenommen werden. Ferner soll die beratende Funktion des BVA hervorgehoben und eine Entsprechenserklärung aufgenommen werden. Außerdem besteht Einigkeit, dass die bisherige Ziffer 4 auf Seite 4 des Leitfadens zu dem Oberpunkt „Kriterien für die Angemessenheitsbeurteilung" angefügt wird.

TOP 2: Veröffentlichung

Die Teilnehmer sind sich einig, den Leitfaden schnellstmöglich nach Abschluss der Sitzungen zu veröffentlichen und einen breiten Konsens mit allen Akteuren in der gesetzlichen Krankenversicherung zu erzielen, insbesondere im Hinblick auf anhängige Gerichtsverfahren. Hierfür sollen nach Abschluss der Sitzungen die Sozialpartner und Spitzenverbände einbezogen werden.

Zudem schlug Herr Plate in diesem Zusammenhang vor, dass der finale Arbeitsentwurf auf der Aufsichtsbehördentagung (geplant im Oktober/November 2017) vorgestellt und diskutiert werden könnte. Dies wird von allen Teilnehmern positiv aufgenommen. Daher sieht der Zeitplan nun vor, in der dritten Sitzung, gegebenenfalls in einer vierten Sitzung im September, einen finalen Entwurf zu erarbeiten, der dort dann vorgestellt werden könnte.

TOP 3: Fixvergütung

Zunächst wird die Grundsatzfrage diskutiert, ob im Leitfaden konkrete Höhen für die Vergütung aufgeführt oder ausschließlich abstrakte Regelungen (analog zu bisherigen Kodizes) getroffen werden sollen.

Nach ausführlicher Diskussion ist man sich einig, dass, zwecks leichterer Handhabbarkeit in der Praxis, konkrete Bandbreiten aufgeführt werden. Jene sollen regelmäßig überprüft und gegebenenfalls angepasst werden.

Hinsichtlich der Höhe der Fixvergütung wurde zunächst diskutiert, was als minimales Einstiegsgehalt gezahlt werden müsse. Einigkeit besteht darin, dass bei der Bestimmung der Höhe des Fixgehaltes die besonderen Anforderungen an die Vorstandstätigkeit (Bachelor/Master, Erfahrung in leitender Funktion, Krankenkassen-Kenntnisse) zu berücksichtigen sind, sowie die Größe der Kasse (insbesondere im Hinblick auf Mitglieder/Versicherte und Mitarbeiterzahl). Ferner sollen bei der Bestimmung der Fixvergütung die Befristung der Vorstandstätigkeit, das Haftungsrisiko und die Erfahrung des Vorstandes berücksichtigt werden. Als Einstieg wird vorgeschlagen, die Gehaltsgruppe des gehobenen Dienstes A13 zu nehmen. Hierauf sind die oben genannten Aspekte „draufzuschlagen", so dass man bei einem Einstiegsgehalt von EUR 80.000,00 bis EUR 90.000,00 beginnt. Dies gilt für eine kleine Kasse.

Nach weiterer ausführlicher Diskussion ist man sich einig, dass fünf Cluster erstellt werden sollen. Jene müssen nach sachgerechten Kriterien aufgeteilt werden. Hierfür wird als maßgebliches Kriterium die Komplexität der Arbeitsorganisation genannt. Diese wird maßgeblich durch die Versichertenzahl beeinflusst. Diese Staffelung nach der Versichertenzahl berücksichtigt die mit zunehmender Versichertenzahl komplexer werdende Organisationsstruktur (mehr Mitarbeiter, mehr Führungsebenen). Zudem wird auch das Abstandsgebot durch eine solche Aufteilung berücksichtigt. Ein weiterer Vorteil an der Erstellung von Bandbreiten ist, dass die individuellen Umstände des Vorstandes sowie der Kasse Berücksichtigung finden können und sich alle Akteure an konkreten Höhen orientieren können. Die Bandbreiten der Grundvergütung sehen nach der Diskussion wie folgt aus:

Cluster 1
bis 25.000 Versicherte
Fixgehalt: EUR 80.000,00 - EUR 120.000,00 (Mittelwert: EUR 100.000,00)

Cluster 2
25.000 bis 150.000 Versicherte
Fixgehalt: EUR 100.000,00 - EUR 180.000,00 (Mittelwert: EUR 140.000,00)

Cluster 3
150.000 bis 500.000 Versicherte
Fixgehalt: EUR 140.000,00 - EUR 240.000,00 (Mittelwert: EUR 190.000,00)

Cluster 4
500.000 bis 2 Millionen Versicherte
Fixgehalt: EUR 180.000,00 - EUR 300.000,00 (Mittelwert: EUR 240.000,00)

Cluster 5
über 2 Millionen Versicherte
Fixgehalt: EUR 250.000 - EUR 400.000 (Mittelwert: EUR 325.000,00)

Indes bedarf die konkrete Vergütungshöhe des Vorstandes stets einer sachgerechten und individuellen Begründung, um als angemessen beurteilt werden zu können. Ein bloßer Verweis auf die Bandbreiten soll nicht ausreichen.

TOP 4: Altersversorgung

Es wurde ausführlich über die Altersversorgung diskutiert. Es wurde Einigkeit darüber erzielt, dass zukünftige Altersversorgungsmodelle ausschließlich prozentuale Zuweisungen enthalten sollen. Diese sollen maximal 10 % des Grundgehaltes betragen.

Indes wird das Thema der Altersversorgung vertiefter Gegenstand der nächsten Sitzung werden. Hierfür sollen die Teilnehmer weiteres Material zusammentragen, insbesondere um den derzeitigen Stand zu analysieren, sowie aus vergleichbaren Bereichen (z.B. öffentliche Unternehmen) Schlussfolgerungen zu ziehen.

Einigkeit besteht darin, dass Regelungen zur Altersversorgung ausschließlich Neuverträge betreffen können, bisherige Modelle der Altersversorgung jedoch unberührt bleiben (Wahrung von Besitzständen).

TOP 5: Übergangsgelder

Hinsichtlich der Übergangsgelder wurde ausführlich diskutiert. Einigkeit bestand darin, dass Übergangsgelder gezahlt werden sollen, um den Lebensunterhalt des Vorstandes nach Beendigung der Position für einen Übergangszeitraum sicherzustellen.

Angeregt wurde, sich an den beamtenrechtlichen Rahmen zu orientieren. Hiernach dürften für maximal sechs Monate Gelder gezahlt werden. Es wird zudem angemahnt, dass ein längerer Zeitraum schwer zu begründen wäre.

Dies erscheint den übrigen Teilnehmern nicht angemessen. Es bedarf vielmehr differenzierter Lösungen. Daher wird eine Staffelung des Übergangsgeldes vorgeschlagen, um eine längere Amtszeit eines Vorstandes zu berücksichtigen. Denn in diesen Fällen sind die Chancen auf den Arbeitsmarkt tendenziell schlechter. Man hat sich auf folgenden Vorschlag geeinigt:

- Grundsatz: Zahlung des Übergangsgeldes (100 % der Bezüge) für einen Zeitraum von sechs Monaten [*Hinweis für die nächste Sitzung*: Was wird unter Bezüge verstanden?];
- nach einer zweiten Amtszeit: Zahlung des Übergangsgeldes für weitere sechs Monate, ab dem 7. Monat: Zahlung von 80 % der Bezüge für weitere sechs Monate;
- nach einer dritten Amtszeit: Zahlung des Übergangsgeldes für weitere sechs Monate, mit abgestufter Staffelung; ab dem 7. Monat: 80 % der Bezüge; ab dem 13. Monat: 70 % der Bezüge für weitere sechs Monate.

Verbunden mit diesem Vorschlag ist eine Anrechnungsregelung von anderen Bezügen in diesem Zeitraum in voller Höhe.

TOP 6: Abfindungen

Abfindungen können vorgesehen werden, indes gilt auch hier der Grundsatz, dass Verträge einzuhalten sind. Sofern Abfindungen vereinbart werden, soll man sich an dem Deutschen Corporate Governance Kodex (DCGK) orientieren. Zudem sind Abfindungs-Caps zu vereinbaren.

TOP 7: Dynamisierung

Auch die Vergütung des Vorstandes soll sich den Lebenshaltungskosten anpassen. Hierfür ist in den Verträgen der Anknüpfungspunkt festzulegen. Hierbei können verschiedene Modelle gewählt werden (z.B. Index/Teuerungsrate, Gehaltsentwicklung in der Kasse).

Es wird auf die **dritte Sitzung am 09. August 2017** hingewiesen, welche **um 11.00 Uhr beginnen wird**. Gegenstand jener Sitzung wird insbesondere die Altersversorgung sein. Wie üblich werden alle Teilnehmer einen überarbeiteten Entwurf des Leitfadens vor der nächsten Sitzung erhalten.

Für die Richtigkeit des Protokolls:

Niels Lasse Lange

Protokoll der 3. Sitzung der Arbeitsgruppe zur Bestimmung eines Vergütungskodex in der GKV am 09. August 2017

Ort: Salus BKK, Neu-Isenburg, Siemensstraße 5a

Beginn: 11.00 Uhr
Ende: 17.00 Uhr

Teilnehmer: Frau Dr. Demmler, Frau Dr. Muttelsee-Schön, Frau Schrader, Herr Balser, Herr Bratje, Herr Gänsler, Herr Kailuweit, Her Knieps, Herr Maier, Herr Plate, Herr Dr. Hilbrandt.

Protokollführer: Niels Lasse Lange/Dr. Christian Hilbrandt

TOP 1: Allgemeines

Zunächst wurde das Protokoll zur 2. Sitzung von allen Teilnehmerin genehmigt. Anschließend wies Herr Plate darauf hin, dass im Anschluss an diese 3. Sitzung, nach Erstellung des finalen Entwurfes zur Abstimmung mit den Krankenkassenverbänden und den Aufsichtsbehörden, im ersten Schritt eine formale Prüfung seitens des BVA vorgenommen werde. Im zweiten Schritt könne dann dieser Entwurf in die Aufsichtstagung am 15./16. November 2017 eingebracht werden; Voraussetzung sei ein Rückhalt durch den GKV-Spitzenverband. Spätester Zeitpunkt zum Einreichen des Leitfadens nebst Anhang durch die Arbeitsgruppe sei der 13. Oktober 2017. Aus Sicht von Herrn Plate seien die Fixgehälter nach den Arbeitsgruppen-Clustern zu hoch. Die Arbeitsgruppe solle im Blick behalten, dass diese Zahlen politisch und aufsichtsrechtlich schwer durchsetzbar seien. Auch das LSG München habe sich insofern in Sachen BKK Mobil Oil sehr kritisch geäußert.

TOP 2: Beratung und Finalisierung des Leitfadens und Anhangs (Erläuterungen)

Vertiefend wurden eine Vielzahl von Details im Leitfaden und seinem Anhang beraten und diskutiert. Insofern wurde beschlossen, dies nicht nochmals gesondert im Protokoll zu wiederholen. Denn die erarbeiteten Ergebnisse finden sich direkt in den Änderungen zum Leitfaden (in der Fassung vom 06. September

2017) und seinem Anhang (in der Fassung vom 19. September 2017), auf die daher an dieser Stelle verwiesen wird.

TOP 3: Weiteres Vorgehen

Nach Ausformulierung der in der Arbeitsgruppe erarbeiteten Ergebnisse im Leitfaden und dessen Anhang wird Herr Plate das unter TOP 1 genannte Verfahren einleiten. Herr Kailuweit und Herr Balser haben sich bereit erklärt, diese Entwürfe in den vdek zur Abstimmung einzubringen. Herr Knieps hat dies für den BKK-Bereich und den IKK-Bereich übernommen, und Frau Schrader und Herr Gänsler für die Abstimmung mit dem GKV-Spitzenverband.

Für die Richtigkeit des Protokolls:

Dr. Christian Hilbrandt

Protokoll der 4. Sitzung der Arbeitsgruppe zur Bestimmung eines Vergütungskodex in der GKV am 21. Februar 2018

Ort: BKK Dachverband, Mauerstraße 85, 10117 Berlin

Beginn: 16:00 Uhr
Ende: 20:30 Uhr

Teilnehmer: Herr Uwe Bratje, Herr Berthold Maier, Herr René Scheer, Herr Frank Plate, Frau Ute Schrader, Frau Dr. Gertrud Demmler, Herr Siegfried Gänsler, Herr Franz Knieps, Herr Dr. Wolfgang Matz, Herr Dr. Christian Hilbrandt.
Protokollführer: Herr Dr. Christian Hilbrandt

TOP 1: Nachfolge Herr Kailuweit

Die Arbeitsgruppe versteht die email von Herrn Kailuweit vom 23. November 2017, insbesondere auch aufgrund der mündlichen Vorkorrespondenz, als Rücktrittserklärung von Herrn Kailuweit mit Wirkung zu diesem Tag, verbunden mit dem Vorschlag an die Arbeitsgruppe, an seiner Stelle Herrn Dr. Matz als Mitglied aufzunehmen. Daraufhin wurde einstimmig die Aufnahme von Herrn Dr. Matz als Mitglied der Arbeitsgruppe mit sofortiger Wirkung beschlossen.

TOP 2: Stellungnahmen des BVA, der Krankenkassenverbände und Vorstände

Herr Knieps, Dr. Matz, Frau Schrader und Dr. Hilbrandt fassten die Stellungnahmen zusammen, die als Folge der Gespräche mit dem GKV-Spitzenverband, IKK Verband, BKK Dachverband und vdek in schriftlicher und mündlicher Form zu dem Vergütungskodex (Entwurf des Leitfadens vom 06. September 2017) und seinem Anhang (Entwurf vom 19. September 2017) bis zu dieser Sitzung eingegangen sind. Darüber hinaus war allen Mitgliedern die Stellungnahme des BVA vom 02. November 2017 per email vom 20. November 2017 übermittelt worden. Dr. Hilbrandt erläuterte, dass diese Stellungnahmen zu einem wesentlichen Teil in die Tischvorlagen eingearbeitet worden seien, die allen Mitgliedern der Arbeitsgruppe per email am 19. Februar 2018 übermittelt worden waren.

TOP 3: Beratung über die finale Fassung des Vergütungskodex und seines Anhangs (Erläuterungen)

Zunächst wurde grundsätzlich unter Berücksichtigung der eingegangenen Stellungnahmen beraten, ob und zu welchem Zeitpunkt der Vergütungskodex von der Arbeitsgruppe verabschiedet und veröffentlicht werden soll. Die Arbeitsgruppe hat sich daraufhin dafür entschieden, in dieser 4. Sitzung die finale Fassung zu erarbeiten und unverzüglich nach Einarbeitung der entsprechenden inhaltlichen und redaktionellen Änderungen zu veröffentlichen. Begründet wurde dies insbesondere mit dem Ziel, dass der Vergütungskodex gemeinsame Standards als Grundsätze guter Unternehmensführung festhalten soll, als Akt der Selbstverwaltung, und damit etwas Neues schafft. Etwaige Anpassungen, die sich aus zukünftigen Entwicklungen in der einschlägigen Rechtsprechung ergeben würden, wären im Rahmen der ohnehin vorgesehenen regelmäßigen Überprüfung und Fortschreibung vorzunehmen. Zudem wird das BSG in dem Verfahren der BKK Mobil Oil, welches auf den 20. März 2018 terminiert ist, nicht über diesen Vergütungskodex entscheiden (können), da jener naturgemäß der dortigen

Entscheidungsfindung des Verwaltungsrates nicht zugrunde gelegen haben kann. Andererseits würden es die Mitglieder dieser Arbeitsgruppe begrüßen, wenn das BSG vor einer etwaigen Entscheidung dieses Rechtsstreites Kenntnis davon erlangt, dass es diesen Vergütungskodex mit Wirkung ab dem heutigen Tag gibt. Die inhaltliche Diskussion und deren jeweilige Ergebnisse finden sich als Änderungen in dem Vergütungskodex und seinem Anhang in der heutigen Fassung wieder, weshalb hierauf an dieser Stelle verwiesen wird. In Reinschrift sollen alle Teilnehmer diese Endfassung zur abschließenden redaktionellen Durchsicht bis Anfang nächster Woche erhalten. Ergänzender Hinweis: ist erfolgt.

Bestandteil der Entscheidungsfindung war auch, dass der Public Corporate Governance Kodex des Bundes auf (bundesunmittelbare) Krankenkassen anwendbar ist (als juristische Personen des öffentlichen Rechts), soweit gesetzliche Vorgaben nicht entgegenstehen (vgl. Teil A Ziffer 1.3 UAbs. 5). Insofern wird wegen des Vergütungsthemas insbesondere auf Teil A Ziffer 4.3 hingewiesen.

TOP 4: Beschlussfassung über den Vergütungskodex und seinen Anhang

Einstimmig (9 Ja-Stimmen, keine Enthaltung, keine Gegenstimme) wurden der Vergütungskodex und sein Anhang in der in dieser Sitzung beratenen Fassung angenommen. Herr Plate, der dieser Arbeitsgruppe auf eigenen Wunsch nur in beratender Funktion angehört und daher kein Stimmrecht hat, war an dieser Beschlussfassung nicht beteiligt.

TOP 5: Weiteres Vorgehen

Unverzüglich ist dieser Vergütungskodex nebst Anhang an alle Krankenkassen, deren Verbände, Aufsichtsbehörden, Bundes- und Landesgesundheitsministerien sowie Sozialpartner zu versenden. Herr Knieps erklärte sich bereit, dies zu übernehmen im Hinblick auf den vdek, IKK-Verband, AOK-Verband, Gesundheitsausschuss und das Bundesgesundheitsministerium. Frau Schrader und Herr Gänsler übernehmen dies im Hinblick auf den GKV-Spitzenverband, alle Betriebskrankenkassen (Dachverbandsmitglieder und Nichtmitglieder), alle BKK-Landesverbände und Herrn Kaetsch (BIG) mit der Bitte, dies an die Verwaltungsratsmitglieder und Vorstände im Bereich der Innungskrankenkassen weiterzuleiten. Im Hinblick auf die Landesgesundheitsministerien (als Aufsichten auf Länderebene) wird dies Herr Plate übernehmen. Weiterer, sehr wichtiger Bestandteil ist, dass dieser Vergütungskodex einer möglichst breiten Öffentlichkeit bekannt wird und zugänglich ist. Daher ist eine entsprechende Verbreitung über das Internet erforderlich und gewünscht. Entsprechende Internetveröffentlichungen sollen auf der Homepage des BKK Dachverbandes und der Kanzlei HILBRANDT RÜCKERT EBBINGHAUS Rechtsanwaltsgesellschaft mbH erfolgen, und zwar ebenfalls so zeitnah wie möglich. Des Weiteren soll Dr. Hilbrandt in einem kurzen Beitrag für die juristische Fachzeitschrift NZA (Beck Verlag) auf diesen Vergütungskodex nebst Anhang hinweisen und wesentliche Inhalte zusammenfassen.

Für die Richtigkeit des Protokolls:

Dr. Christian Hilbrandt

The manufacturer's authorised representative in the EU is Springer
Nature Customer Service Centre GmbH, Europaplatz 3, 69115 Heidelberg,
Germany. If you have any concerns regarding our products, please
contact ProductSafety@springernature.com

Printed and bound by CPI Group (UK) Ltd, Croydon, CR0 4YY
27/04/2026
02097663-0004